聚天下精華

收历史风云

北京晋商博物馆赵笑辰

裴元博 陈传江 著

符牌

契丹文珍稀

考释图说

时代出版传媒股份有限公司

安徽美术出版社

全国百佳图书出版单位

图书在版编目（CIP）数据

契丹文珍稀符牌考释图说/ 裴元博，陈传江著. — 合肥 ： 安徽美术
出版社，2011.5
ISBN 978-7-5398-2746-9

Ⅰ．①契… Ⅱ．①裴… ②陈… Ⅲ．①契丹语—符牌
—中国—古代—图录 Ⅳ．①K877.92②E292-64

中国版本图书馆CIP数据核字（2011）第069000号

特别声明

　　书中载录之所有艺术品（藏品）及文字，系作者或藏品所有人为说明或补充说明内文而提供，仅作展示参考之用途，本社不承担其真伪、瑕疵及市场价值的认定和担保责任，敬请读者谨慎注意，特此声明。

本社法律顾问：安徽承义律师事务所　孙卫东律师

契丹文珍稀符牌考释图说

裴元博　陈传江/著

安徽美术出版社
北京市十月印刷有限公司
全国新华书店发行
开本787×1092毫米 1/16　印张11
字数120千字　印数1-3000
2011年7月第1版　2011年7月第1次印刷

ISBN 978-7-5398-2746-9

定价：78.00元

自序

契丹文研究号称"绝学"，全世界研究者不足百人。中国，这个契丹文的故乡，研究者也不过寥寥数十人。我们师生能侧身其中，并能在钱币符牌这个专家学者尚无暇顾及的领域率先垦荒，并取得少许成果，实老天眷顾，运之幸也！

契丹是中国中古时期北方的一个游牧民族，自号"天神裔族"，实由鲜卑、匈奴发展演变而来。早期在辽泽旁医巫闾山区域生活，后逐渐北迁至内蒙古赤峰地区。在与汉、鲜卑、突厥、回纥等强族的交往中，契丹族一次次在跌倒后又爬起，坚韧不拔，自强不息，显示了旺盛的生命力。取长补短，创造了一种融天地万物于胸中，海纳百川为己用的开放式的契丹文化。

在与汉族的长期交往中，契丹人参照汉字隶书，增减部首、偏旁、笔画，创造了记录契丹语的"胡书"。"胡书"定型约在遥辇汗国建立初期，由于其天生的缺陷，契丹人在归附回鹘汗国的一百多年里，汲取了回鹘文字的精华，利用回鹘文的拼读方法，将"胡书"加以改造，又创造出一种通俗易学的"新胡书"。"新胡书"应定型于回鹘汗国灭亡后的公元842年左右，此时契丹转奉唐为宗主国。两种"胡书"各有所长各有所短，契丹国汉人对来源于汉字的老"胡书"领会掌握较快，情有独钟；契丹及操阿尔泰语系的其他部族对按语音拼读的"新胡书"喜之极甚。人们各取所需，所以两种"胡书"都各自获得了一部分受众的支持，得以同时在契丹地区流行。

907年，契丹族英雄耶律阿保机接受遥辇可汗痕德堇的禅让，建立了封建世袭制中央集权的契丹帝国，登上了天皇帝宝座。为加速契丹部族的封建化进程，使契丹帝国万世永存，在"化祖为神，化家为国"思想的指导下，阿保机及其拥戴者在契丹发起了轰轰烈烈的

"造神运动"。运动中，造神工具之一的契丹文创制神话首先被确立，"新胡书"被改为"契丹小字"，并被定为阿保机授权弟弟迭剌创制。继而"老胡书"被冠以"国字"、"大礼之字"、"契丹大字"，定为阿保机亲制。

自907年始，阿保机将契丹大、小字和汉字铸造到能流通到社会每个角落的钱币上，推动大量造神运动，并借此宣传政策，教化黎庶，取得了预期的效果，巩固了中央集权君主制统治的基础。后历代契丹皇帝都把契丹、汉文同铸各种钱作为制度坚持下来，直到辽国灭亡。据不完全统计，已面世的契丹文钱币共有一百余种，有契丹大字，也有契丹小字。有国号钱、年号钱、纪年钱等行用钱，也有祭祀钱、庆典钱、职官钱、赏封钱、纪事钱等"大礼之钱"，更有赏玩钱、宣教钱、护身符钱等民俗用钱。其设计之精妙，铸制之精细，工艺之精湛，令人叹为观止。

除钱币外，辽、金两朝还有一些极其珍贵的铭刻契丹文的符牌、印章、铜镜等文物存世，真实地记录了当时的人物、事件和重要的法律制度，真实反映了辽、金历史。

泉痴山人原不懂契丹文字，了解到陈传江业余自学契丹文已逾十年，敬佩之极。二人心有灵犀，一拍即合，决定共同把自己和朋友收藏的契丹文钱币、符牌、印章、铜镜进行研究性的考释，以解决喜爱契丹文物的藏友们欲窥"天书"而求解无门的遗憾。

传江契丹小字基本功扎实，特别对契丹文钱币的研究有独到见解，翻译起契丹文顺风顺水，速度很快。但由于传江在大学是学工科的，直译出的契丹语往往无法成句，这时泉痴山人毕业于中文系的优势有了用武之地。二人经常一字一字地推敲，精心选择最恰当的字词组成流畅的汉语译文。耳濡目染，一段时间过后，二人业务水平双双提高。泉痴山人粗通了契丹小字，借助资料也可做些简单的翻译了；传江的中文造诣日见深厚，翻译质量大幅度提高。

在编辑此书后期，年仅28岁的契丹文研究学者陶金加入了我们的研究行列。由于他有较深的古阿尔泰语言基础，使在研究契丹文过程中出现的错谬大大减少，加快了翻译进度，提高了译文质量。陶金为此书内容的完善做了大量工作，将他列为作者无可争议，但其生性谦逊，淡泊于名，坚持不署自己的名字，我只好遵从他的意思了。为此，我深愧于心，在此特此声明，以表谢忱！

考释过程中，我们坚持尊重历史、尊重原文、尊重史实环境的原则，努力使实物反映的史实在《辽史》或有根据的史料中得到可靠印证。不杜撰，不夸张，不贬低，实事求是对待每件需翻译考释其上之文字的钱币和其他文物。自2009年6月25日至今，我们已撰写考释契丹文钱币文章60余篇，契丹文符牌文章25篇，契丹文印章、铜镜等文章5篇，尚有翻译、考释心得10余篇。

已考释的契丹文钱币中，有10种国号钱、9种年号钱、2种纪年钱、4种背字钱、3种职官钱、2种（2对4枚）赏封钱、8种面汉字背阴刻契丹文钱、3种行用及流通纪念钱"万岁三钱"、7种纪事钱、3种祭祀辽太祖钱、4种政宣教化钱，基本上反映了存世契丹文钱的全貌。

已考释的契丹文符牌中，有职官牌4面、赏封牌9面、通行牌2面、印牌1面、职司牌3面、圣旨牌2面、纪事牌2面，这是中国符牌史上第一次集中性的考释这么多种类、这么多数量的符牌，对辽、金史研究的贡献是不言而喻的。

已考释的契丹文印章、铜镜中，有职官印3枚、私印2枚、陪嫁纪事镜1面、祝寿镜1面、九宫八卦十二生肖镜1面。大致反映了契丹社会民俗生活的某些侧面。

我们不是契丹文字学专家，也非专业历史学家，更非师出名门的钱币学家，我们只是由喜好而收藏，由收藏而研究的"草根研究者"。

我们的研究——如果称得上研究的话，那首先要归功于几代奋战在契丹文字研究前沿的前辈们，自己只是站在巨人肩膀上的学童而已，能够得着在人类历史的大黑板上胡乱涂鸦似的留下自己探索的痕迹，已属万分幸运，夫复何求！

我们的翻译考释，只是初登契丹文研究大雅之堂的学童的一份习作，里面的缺点和错误一定很多，祈盼各界方家和广大读者对我们的习作给予批评指正。

这些文章应说是我们和学识圈的朋友共同完成的，其中李卫、王树人、边辑、邵华伟等挚友的贡献三言两语无法诉尽。我们的研究成果里浸透着他们的关爱和汗水，"感谢"二字根本表达不了我们由衷的感激之情！

在我们手中，尚有为数众多的"胡书"与契丹大字钱币、符牌、印章、铜镜没有破译和考释，也有部分契丹小字符牌、文物没有破译和考释，我们衷心希望有关专家对这些珍稀文物给予关注，辅导或帮助我们一起将这些阻碍契丹文研究的堡垒攻破，还原契丹历史的真实面貌！

我们相信在广大藏友的支持下，我们的目的一定能够实现！

泉痴山人

2010. 10. 17于京东

前言

契丹文物是契丹文明的载体，其中铭刻契丹文字的社会常用文物，更是承载契丹文明密码的特殊载体。其上镌刻的契丹文字虽然多寡不一，内容有别，但均镌刻在时人的日常用品上，少有墓志、碑文、题记等文章的阿谀溢美之辞风，多真实、坦荡、直白、自然的气韵，这些文字更真实地反映了契丹社会面貌。其中，以官方各级机构颁发的各类符牌最具代表性。

符牌是契丹人重要的政治和军事用具，独特的功能和精美的设计引领了后世各朝各代符牌的发展。辽之前没有符牌，只有符和节。契丹人根据马背民族的特点，改符和节为符牌，符专用于调兵，牌用于传达圣旨、任命官员、赏赐功臣、证明身份、受命凭证等多种用途，对后世各朝各代的符牌发展起到了引领作用，后世各朝所有符牌都可以在辽代符牌中找到源头。

契丹符牌大致有：

1. 圣旨金银牌，一般刻有皇帝花押"主"，也可读作"敕"（皇帝命令）和"宜速"（快办）两字。有金，银鎏金、铜鎏金，银，铜多种材质，有大、中、小不同规格，根据任务不同选用不同符牌。

2. 职司牌，各单位的设置凭证。

3. 职官牌，官员任职凭证。

4. 赏功牌，按功授官凭证。

5. 任事牌（工作证），具体工作任务凭证。

6. 通行符牌，信牌、递牌、走马牌总称。

7. 祭祀牌，祭奠亡灵、祭祀神灵、祭祀祖先。

8. 宗教护身符牌，包括佛、道、萨满教诸教护身符牌，种类繁多，不胜枚举。

契丹符牌上的契丹文字有阳铸，也有阴刻。有大字，也有小字。最少的两个字，最多的数十字。内容有官职名、官衙机构名、荣誉称号（散官）名、帝后尊号、重要外交活动、史上重大事件、史上重要人物等等，与辽代政治体制、机构设置、经济军事活动关系极为密切，是辽代历史的直接见证，是补充、纠正汉人记载历史的最重要物证，是其他任何信息载体都无法替代的契丹人自己写的历史见证。

　　本书考释的契丹文符牌仅是笔者契丹文符牌藏品中的一小部分，其中契丹小字符牌有部分铭刻纪年的，最早的纪年为"神册二年一月十日"。这证明契丹小字的颁行时间不是天赞四年或五年（924、925），而是神册元年（916）或更早。

　　本书还考释了部分金代契丹文符牌，因为女真人曾在契丹人统治之下，很早就熟悉并掌握了契丹文字，并在社会生活中使用。女真人灭辽后，曾长期使用契丹大小字，并参照契丹大小字创造了本民族文字女真大小字，足见契丹文化对女真人影响至深。通过对金代契丹文符牌的考释，可真切地感受到契丹文明对后世、特别是对北方少数民族的深刻影响，以及这些民族对契丹文明的钦佩和景仰。

　　笔者对契丹文字的研究仅仅刚入门，但因为多数专家无暇顾及或不屑关心契丹文存世文物这一相对贫瘠的角落，所以给了我们一试身手的宝贵时机，使我们得以获得这些稚嫩的成果。当然，我们这些东西可能会令文字大师们嗤之以鼻，但我们不会自卑，更不会沮丧，而会为能亲耳听到专家们的指教感到高兴，并努力使自己能在专家的指导下获得更大成果！

目录｜Contents

辽代符牌考释图说

金代契丹文符牌考释图说

契丹符牌的鉴定

辽代符牌

考释图说

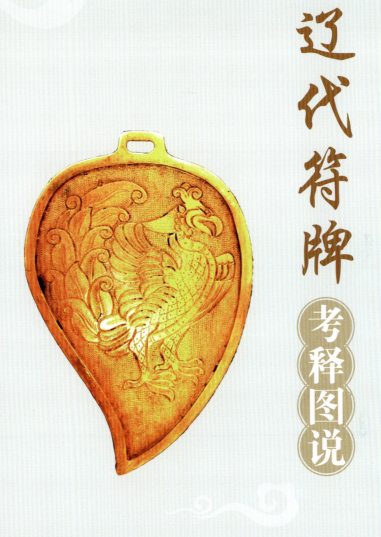

　　契丹时期所铸符牌，简直如汗牛充栋，数量之多为亘古所未见。无论从品种、数量、质量等方面来看，都称得上是中国符牌史上空前绝后的精品。从小的范围来说，笔者仅对自己收藏的契丹小字金、银符牌进行了考释，写了数10篇文章，而尚未考释的契丹小字金、银符牌仍有数10面。如果加上目前仍无法译读的数10面契丹大字金银牌，仅笔者所收藏的契丹大小字符牌就近百面。

"敕宜速"是契丹文还是女真小字？

契丹文"宜速"是目前契丹文字学家争论较大的一个词语，因为目前所能见到的契丹大、小字石刻文献中都不见"宜速"一词。此词最早见于河北省考古专家郑绍宗先生对1972年承德发现之契丹文金、银牌的解读。郑先生认定金、银牌上的三个字是契丹小字"敕宜速"。其理由是这三字的构造方式与契丹小字相同。

郑绍宗的研究成果发表后，引起契丹文字研究界的关注，但许多人不以为然，认为证据不足。反对者中有日本某位专家，认为该牌文字为女真小字而非契丹小字，应该为"递牌"。

笔者是支持郑绍宗的观点的，认为应该是"敕宜速"。《辽史·卷五七·仪卫志三》"符契"条记：

银牌二百面，长尺，刻以国字，文曰"宜速"，又曰"敕走马牌"。国有重事，皇帝以牌亲授使者，手札给驿马若干。驿马阙，取它马代。法，昼夜马七百里，其次五百里。所至如天子亲临，须索更易，无敢违者。使回，皇帝亲受之，手封牌印郎君收掌。

这里说的"授使者"、"给驿马若干"的银牌，笔者感到似乎有两种：一为刻以国字，文曰"宜速"的银牌；一为刻以国字，文曰"敕走马"的银牌。前种使者所持银牌，使人觉得它即是王易《燕北录》所说的"执牌驰马"的"唐之传符"，也即日本某专家所认定的"递牌"。《宋史·卷一五四·舆服志六》中"符券"条目即称"唐有银牌，发驿遣使"。后种使者所持银牌，应即是王易《燕北录》记载：

长牌有七十二道，上书番书敕走马字。用金镀银成。见在南以内司收掌。

应是"用于使臣取索物色及进贡，带在腰间"的"长牌"。

按王易和《辽史》的记载，辽契丹文银牌有银鎏金和纯银两种，一为牌印郎君执掌，一为南以内司执掌。使用方法都为：

国有重事，皇帝以牌亲授使者。

使回，皇帝亲受之，手封牌印郎君（南以内司）收掌。

差别是银牌"所至如天子亲临，须索更易，无敢违者"。而长牌仅"用于使臣取索物色及进贡，带在腰间"而已。

宋代王易和当代的契丹文字学家，如日本某专家，他不搞契丹符牌收藏，眼中所见终究有限，仅以有限所见考证，所得结论自然有偏颇之嫌。比如有人认为契丹人未铸金符牌，因为未见有辽代金牌出土，进而断定牌上文字为女

契丹文"皇帝敕宜速"金牌

契丹文"皇帝敕宜速"银牌

真小字，"敕宜速"符牌是"递牌"，这会被契丹文物收藏家所笑话。

相反，契丹所铸金牌很多，直如汗牛充栋，为亘古所未见。无论从品种、数量、质量都称得上是中国符牌史上空前绝后的精品。就笔者来说，所收藏尚未考释的契丹小字金、银牌仍有数十面，如加上目前仍无法译读的数十面契丹大字金、银牌，总数将近百面。而我们仅是普通收藏者而已，根本无法和东北、内蒙、北京的收藏大腕们相比。如果把他们收藏的契丹金、银符牌进行统计，总量即使没有上千，也有数百件。这些牌符绝大部分是近十年在原辽、金、西夏及元帝国境内出土的。

面对数量巨大、种类繁多、质量精美的契丹文金、银符牌，女真文符牌却少得可怜，除被某些专家认定为女真大字，汉译为"国之信"的银鎏金"递牌"有大小十来面外，尚未见一面被公认为女真小字的金、银符牌。至于被个别专家称之为女真小字"递牌"的金、银符牌，其实都是契丹文"敕宜速"金、银符牌。

"敕宜速"符牌的"敕"字，是契丹字"皇帝"的美术变形字，俗称"花押"。所以，从历史上讲也好，从制度上讲也好，从用途上讲也好，"敕宜速"符牌实际上就是契丹皇帝的"圣旨金、银牌"，而不是"给邮驿，通制命"的"递牌（传符）"。它是金、宋、西夏、元"圣旨金、银牌"的滥觞

及榜样。《辽史·仪卫志》说得好，"敕宜速"符牌"所至如天子亲临，须索更易，无敢违者"，这是后世所有"圣旨金、银牌"共有的特质，其源始于契丹"敕宜速"符牌应是客观事实。

"敕宜速"符牌有纯金、银鎏金、铜鎏金、纯银四种。前三种都称为金牌，后者称为银牌。金银牌又按持牌人的任务和官职权力的等级、享受的待遇的不同，规定了不同的尺寸、重量、规格。

这里列举三面纯金、鎏金、纯银"敕宜速"符牌。

契丹使用契丹文"宜速"二字的历史很悠久，在遥辇汗国时期，就已经作为可汗"敕令"铸入契丹符牌的代用品"大丹重宝"钱币的背面，而"大丹重宝"早在20世纪30年代就已经被多数钱币学家认定为辽太祖之父撒剌所造（杨鲁安《辽钱考略》），故在石刻文献的契丹大小字中很难觅到其踪迹。

"大丹重宝"背"宸令宜速"，对于自称"黄金家族"的耶律氏皇室来说，是铸造钱币、符牌必须经过的步骤之一，这不是以个人意志为转移的事情。草原民族历来有崇尚黄金的传统，契丹族也不例外。用金、银、铜分别铸钱币、符牌，是"明贵贱，应征召"的需要，更是宗教心理的需要。

契丹文"宜速"二字，作为皇帝敕命的专用名词，还经常用在传达皇帝命令的特殊信物中。承天太后在景宗皇帝

"景宗皇帝手令"背"宜速"金牌

死后，用景宗（庙号）名义为自己行使皇帝权力而铸造的契丹文"景宗皇帝手令"背阴刻"宜速"金牌，就是很好的证明。

综上所述及实物证明，刻在一些钱币符牌上的"宜速"二字，确系契丹文，而不是什么女真小字。关于各地出土的不同规格的"敕宜速"金、银、鎏金牌，具体是契丹人什么政权铸制，要根据出土地域和历史记载具体分析而定。

笔者支持郑绍宗先生把承德出土金银牌定为"西北辽"移剌窝斡铸制的观点，并把它们视为1160—1165年（金正隆五年至大定五年）期间，契丹人所造契丹文"敕宜速"金、银符牌的标准器。

这里所举金、银窄长阳文"敕宜速"符牌，因出土于辽上京地区，笔者

趋向于认定它们是辽太祖耶律阿保机于907年始铸，而历代大辽皇帝有续铸，行用达218年。它们应是辽代契丹文"敕宜速"金、银符牌的标准器。

出土于吉林省榆树市的银鎏金小型长方形契丹文"敕宜速"符牌，因尚未见同类纯金、纯银符牌，故暂时不能认定它的归属，待资料和实物进一步完善再定。

最后，试着臆解一下一些朋友提出的一个问题：为什么只有大辽所铸窄长契丹文"敕宜速"金银符牌是阳文，而其他多数"敕宜速"金银符牌，包括契丹文"景宗皇帝手令"背阴刻"宜速"金牌和"大丹重宝"背契丹文"宸令宜速"钱币符牌的"敕宜速"、"宜速"、"宸令宜速"都是阴文？

原因大约是：

第一，阳范制作较易，翻铸阴文较方便。

第二，时间紧急，任务繁重。

第三，凡铸阴文"敕宜速"钱和符牌的都不是真正的契丹族的"天皇帝"，而是当时朝廷的权力机构北枢密院。这个原因应是最主要的最根本的原因。

由于多年收藏，所见契丹文"敕宜速"类钱和符牌较多，故感到有必要对某些契丹文专家的有误导之嫌的错误观点，从物证学角度做些纠误工作。

契丹文"皇帝敕宜速"金牌

"敕宜速"符牌上契丹文"主"字考

著名的辽代"皇帝圣旨"牌，即"敕宜速"牌，自20世纪70年代首次发现以来，关于其牌面文字是契丹文还是女真文，是契丹大字还是契丹小字，一直争论不休，后来都同意笔者"宜速"两字是契丹小字的论断。但关于第一个字，即类似汉字"主"字的字，是"敕"字，还是天皇帝阿保机的花押，还是契丹字"主"字的特殊写法，还没有统一的认识。其中，认为该字为天皇帝阿保机的花押者占绝大多数，但也有

三角云头契丹文"敕宜速"金牌

人认为其是女真小字，是金太祖阿骨打的花押。日本乌拉熙春教授是持这种观点的主要代表。

乌拉熙春教授在其大作《女真小字金牌、银牌、木牌考》中介绍各种铭"主"字牌时都称"主"字为"花押"，并称："近似汉字'主'字的标记'主'，与宋人周辉《北辕录》中所描述的金国使臣所佩金牌'上有御押，其状如主字'一致，这个御押在范成大《揽辔录》中进一步明确为阿骨打花押。"

乌拉熙春教授认为伊春、承德、俄罗斯滨海地区赛金古城出土的金银牌，以及《吾妻镜》银简铭上的类汉"主"字都为女真大字，即金太祖阿骨打花押。

从目前已发现的可以确定为金代符牌的情况看，只有一种被称为金代女真大字"国之信"符牌上的类字纹饰可能是金太祖阿骨打花押。它与"敕宜速"符牌上的类汉"主"字迥然有别。如果女真大字"国之信"的符牌上的类字纹饰是金太祖阿骨打花押，那么"敕宜速"符牌上的类汉"主"字就绝不会是金太祖阿骨打花押。道理很简单，因为一个皇帝在同一时期发布敕令时，决不会使用两个区别较大的花押。

其次，目前已发现"敕宜速"符

牌上的类汉"主"字,在辽钱上曾多次作为表示天皇帝权威的标志出现。既然该字只出现在辽钱上而没出现在金代钱上,说明"敕宜速"符牌上的类汉"主"字,只能是辽太祖天皇帝阿保机的花押,而绝不可能是金太祖阿骨打的花押。

从面世金代符牌看,只见到一种女真字"国之信"递牌,其余均为契丹小字和汉字符牌,这表明在金章宗明昌二年(1191)废止契丹字之前,金代符牌除递牌外全部使用契丹字,明昌二年后全部改用汉字。冥冥中,笔者突然想到:明昌二年之前金代的"皇帝圣旨"牌,使用的可能都是带有天皇帝阿保机押记的"敕宜速"牌。

金代女真大字"国之信"金牌上之花押

宋人周辉的《北辕录》与范成大的《揽辔录》中有关于金朝符牌的记载:

金法,出使者必带牌,有金、银、木之别,上有女真书"准敕急速"字及

金代女真大字"国之信"金牌面

阿骨打花押。（范成大《揽辔录·范成大笔记六种》，孔凡礼点校本，中华书局，2002年）

（金人接伴使臣）各带银牌，牌样如方响，上有蕃书"急速走递"四字，上有御押，其状如"主"字。虏法出使皆带牌，有金、银、木之别。（周辉《北辕录·宋会要辑稿》）

这些正是证明笔者猜想的最好注解。

范成大1170年使金，时为金世宗大定十年；周辉1177年使金，时为金世宗大定十七年。距离废止契丹字的金章宗明昌二年（1191），范为21年，周为14年。此前，除女真字"国之信"递牌外，不见任何一种女真文符牌，所有出土与传世金代符牌均为契丹文铭镌。事实说明，范成大所见"女真书'准敕急速'字及阿骨打花押"及周辉所述"牌样如方响，上有蕃书'急速走递'四字，上有御押，其状如'主'字"，都应是在描述金使佩戴有天皇帝阿保机押记的"敕宜速"牌的景象。当时的宋

人，包括范成大和周辉，大多是分不清契丹字和女真字的，他们把契丹字误认成女真字，是必然的结果。

至于女真人为什么佩戴有天皇帝阿保机押记的"敕宜速"牌，笔者认为

契丹文"主"字花押写法之二

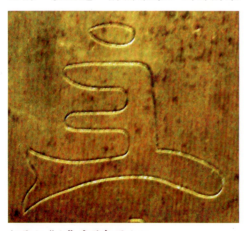

契丹文"主"字花押写法之一

契丹文"主"字花押写法之三

女真人并不认为这个类汉字"主"字是辽太祖阿保机的"花押",他们知道这个字是契丹字"皇帝"的"皇"(主)的变体,是表示"皇帝敕令"的意思,契丹皇帝用它表达契丹皇帝的意志和权威,女真皇帝使用它自然表达的是女真皇帝的意志和权威。所以,有可能金代"皇帝圣旨"牌,使用的都是和辽形制、文字一模一样带有类汉字"主"字押记的"敕宜速"牌。这也是造成范成大、周辉误把契丹字当作女真字的一个重要原因。

从金亡至今,未发现一面有女真文、契丹文、汉文,并能明确断代为金代的"皇帝圣旨"牌,而辽、金故地却屡有带有类汉字"主"字押记的"敕宜速"牌出土。这些"敕宜速"牌形制不一,大小、重量、材质各异,种类、数量之多,超过辽、金其他任何一种符牌。这种情况说明"敕宜速"牌可能为辽、金两朝共铸,否则一朝"皇帝圣旨"牌不应有这么多种类和数量。

牌上类汉字"主"字押记,源于契丹小字"主(皇)",此字专用于表示"皇帝"一词,如辽早期钱"皇帝万岁"、"泰皇万国"的"皇"字。钱文证明该"主"字既可与"帝"组成"皇帝"一词,又可单独做为"皇帝"的代名词使用。隋唐时盛行帝王签发公文时"画诺(画押)"的习俗,牌上这个类汉字"主"字,应就是辽太祖耶律阿保

大型契丹文"敕宜敕"金牌面

机签发公文时"画诺"的押记。

综上所述，可以得出这样的结论："敕宜速"牌上的类汉字"主"字，是契丹小字"主（皇）"字的变体，称为"花押"亦无不可。"敕宜速"牌为辽太祖首铸，它应就是《辽史·仪卫志》所说的"皇帝圣旨"符牌，材质并非仅银制，实物尚见金、银鎏金、铜鎏金质。长度除长尺者外，尚见八寸、尺半之制者。

金代有可能承辽制继续铸造使用了"主（皇）"字"敕宜速"牌，宋使臣在金屡次见到此种"主（皇）"字"敕宜速"牌，应不是虚枉之言，是实情记录。作为"皇帝圣旨"符牌，金代前期用的可能是辽之旧物，后期可能陆续有续铸。

旧史及以往研究者常把各朝"皇帝圣旨"牌、递牌、职官牌、职司牌等混在一起论述，结果造成辽宋金元符牌情况始终混乱不堪，让研究者莫衷一是。今天，笔者把辽的"主（皇）"字"敕宜速"牌挑出，从牌之灵魂"主（皇）"字入手，捋清了该牌的来龙去脉，澄清了研究界长期存在的不确切的观点，为今后辽金符牌研究尽了些绵薄之力，深感欣慰。但因笔者才学浅薄，故文中难免存在错谬。

辽代"乔龙谢钱"背八"主"钱

"大辽神册"背"皕主日"钱

"福德长寿"背"契丹主"钱

"神册万年"背"契丹主"铜钱

契丹文"敕宜速"背"奉护天泰"符牌考

契丹文"敕宜速"金、银、铜符牌是存世最多的辽朝官铸符牌，除材质、大小（规制）不同外，在背文上亦有多种情况。有光背者，有阴刻文者，有铸铭阴文者，铸铭阴文又有文字大小两种。从内容上看，阴刻文者多是为临时重要皇家任务而颁发，存世数量较少；铸铭阴文者，应是朝廷为负有特殊使命的机构人员颁发的长年使用的符牌。套用当代用语的话，阴刻文者，即是北枢密院临时颁发的"特别通行证"。而铸铭阴文者，是警备司令部工作人员的"警官证"。此前笔者已对北枢密院临时颁发的"特别通行证"进行过考释，今天本文将就一种铸铭阴文的"警官证"做番考释。

这是金、银材质不同，铭文完全一样的两面牌子，牌高210毫米，宽61毫米，厚1.5毫米，穿孔内径10毫米，穿孔外径20毫米，孔沿厚4毫米，金牌重375克，银牌重286克。面均阴铸"敕宜速"三个双钩文契丹大字。背中间靠下位置均阴铸四个双钩文契丹小字。此四字即实先生曾译作汉语"天赐护奉"（见即实著《清宫玉厄契丹文铭补释》），笔者不敢苟同，因即实先生说"赐"字的契丹小字本是汉语借词"泰"字，辽圣宗第二个年号"开泰"的"泰"就是这个字。而"赐给"的"赐"，无论契丹本语还是汉语转借词，都不这么写。所以笔者认为把它译为汉语"赐"是不妥当的，而只有译为"泰"才符合这句契丹话的语言环境。

笔者以为，这句话汉语直译应为"天泰护奉"，按汉语语序整理后应为"奉护天泰"。"奉"在这里是"任务"的意思，是说"接受、执行的任务"；"护"是保护、护卫的意思；

契丹文"敕宜速"背"奉护天泰"金牌

"奉护天泰"

"天"是皇室、皇帝的代称，这里特指"御帐"，即皇帝居住的地方；"泰"是平安、安定。全句的意思是："奉命护卫御帐安全。"从译文可知这种符牌是一种"职司牌"，是写明持牌人所负使命的"身份证明"。辽代哪些人可以持此金银牌"奉命护卫御帐安全"？

查《辽史·百官志》知，"北面御帐官"是负责辽帝后及北面官机构宿卫任务的职官。《辽史·卷四十五·百官志》载：

三皇圣人也，当淳朴之世，重门击柝，犹严于待暴客。辽之先世，未有城郭、沟池、宫室之固，毡车为营，硬寨为宫，御帐之官不得不谨。出于贵戚为侍卫，著帐为近侍，北南部族为护卫，武臣为宿卫，亲军为禁卫，百官番宿为宿直。奉宸以司供御，三班以肃会朝，

硬寨以严晨夜。法制可谓严密矣。

接着指出：

侍卫司。掌御帐亲卫之事。

并列出侍卫太师、侍卫太保、侍卫司徒、侍卫司空、侍卫五等侍卫司官员。

从两个侍卫司官员名号来自"三师（太师、太傅、太保）"，两个来自"三公（司马、司徒、司空）"来看，辽朝廷对侍卫官员应是给予特殊眷顾的，因为"三师"、"三公"无论在何朝皆是授予有功于国的元老勋臣，虽然它们实为一种优渥勋贵的荣誉官衔。侍卫官被命为"师"、"公"之名，虽不一定有"师"、"公"之权力，但绝对会有"师"、"公"之待遇。这是辽代皇帝对保卫皇室成员安全的亲军侍卫的"收买人心之举"，更是从制度上给予侍卫们的优厚待遇与特殊权位。

"侍卫太师，侍卫太保，侍卫司徒，侍卫司空"，据推测都是享受正三品以上俸禄的高官，因为他们都享有佩戴按规定为"亲王和三品以上官悬金牌"的权利，而他们属下的侍卫也享有六品以上官悬银牌的待遇。今天辽一金一银契丹文"面敕宜速背奉命护卫御帐安全"符牌的现身于世，正是以实物凭证证明辽北面御帐官侍卫司的真实存在，以及侍卫司官员享有的各方面的特殊待遇。

侍卫由什么人充当呢？待遇这么高，任谁都瞅着眼红，可这关系天皇帝生命安全的最重要岗位，不是谁想当就

能当的。《辽史·百官志》讲，这些侍卫第一必须是贵戚，即和皇室有密切关系，知根知底的后族成员；第二经过孩儿班和诸卫实践的经历；第三本人确有击剑、射箭、膂力过人等真才实学。经过皇帝多次考核才能进入侍卫队伍。侍卫中出过许多名将名相，如萧乙辛、回鹘海里、耶律挞不也、耶律阿厮、萧仲恭等。

契丹文面"敕宜速"背"奉护天泰"金、银符牌的发现，丰富了辽代"敕宜速"符牌的种类，为更好地揭开"敕宜速"符牌的奥秘又增添了一份不可多得的实物证据。这是契丹史契丹文字研究领域值得庆贺的幸事，让我们感谢千年不遇"地不爱宝"的时代吧！

契丹文"敕宜速"背"奉护天泰"银牌

契丹文"敕宜速"背阴刻"光照日月，德配天地"金牌考

契丹文面"敕宜速"符牌种类繁多，除圆角长方形条状片型外，今又见一种头部成出廓三角云朵长方形条状片型金质符牌。牌通高133.4毫米，云头高50.7毫米，云头宽70.13毫米，牌宽52.06毫米，牌厚2.58毫米，穿孔内径8.51毫米，穿孔外径19.2毫米，穿环厚3.97毫米，重137.8克。面有5毫米左右的边框，穿下端正镌铭双钩文契丹大字"敕宜速"三字，雄劲肃穆，端庄凝重。牌背平夷，无任何装饰。牌的左下角阴刻两行契丹小字，经辨认其为八字颂语，右起自上而下汉译意为："光照日月，德配天地。"

"德配天地"语出《庄子·田子方》：

夫子德配天地，而犹假至言以修心。

意为："夫子的道德与天地匹配，还要借至理之言来修心养性。"是称颂庄子的道德的高尚和谦逊自尊的品德。

"光照日月"则出自后秦·僧肇（384—414）所撰《晋僧肇法师宝藏论》：

光照日月，德越太清。

意为："圣人本身的光芒比日月的光芒更胜，道德的力量可超越宇宙万物。"这句话通常用以比喻某些伟大人物或光辉思想比日月光芒更盛。

"光照日月，德配天地"这两句契丹文祝颂语出现在辽"敕宜速"符牌上，绝非无意偶然之作，它应是辽朝新皇帝对逝去先帝的悼念之辞。能把佛、道、释三教经典精华合而为一，提炼出如此富有深邃哲理名句的人，只能是辽道宗时期的大儒耶律俨、耶律固、耶律白等，因为这时三教合流已成思想界的主流，僧肇的《宝藏论》之所以能在辽地流行正因为它迎合了三教合流的思潮。

"敕宜速"符牌上这两句契丹文"光照日月，德配天地"的祝颂语，是

三角云头契丹文"敕宜速"背阴刻"光照日月，德配天地"金牌背面

称颂谁呢？谁又能担得这两句称颂语的称颂呢？

笔者推测，这是辽道宗大殡时，他的孙子天祚皇帝和臣下恭送给他的挽联，是对他的称颂。这两句颂语对道宗一生功绩虽有夸大阿谀的成分，但总的来说道宗还是当之无愧的。这不是为他杀妻灭子的昏聩张目，不是为他长期任用奸佞小人辩白，而是全面客观地给他以正确评价。山西博物馆王利民先生曾在一篇题为《论耶律洪基在中国北方民族意识形态转化中的作用》（《文物世界》2008年05期）的文章中对辽道宗给予这样的评价：

辽道宗耶律洪基（1031—1101）为辽后期衰落阶段的契丹统治者，他所统治时期的中国北方，从整体国家的政治、经济角度分析，未有大而持久的振兴，相反，在他执政的某些阶段，政治污浊，经济凋敝，流民失所，边患严重，尤其在一些相关国家衰亡的重大问题上（如用人问题），和一些重要的具体事件的处理上，辽道宗表现出了极度的昏庸。由于他个人的过失，产生了自辽开国以来未见的成规模、历时久的众多误国奸臣，并由此制造出了一系列骇人听闻的重大冤案。读《辽史》道宗朝人物列传时，往往令人咬牙切齿，怒发冲冠。一般说来，辽道宗的这些所作所为，从观念上基本定格了他在辽朝历史上的大致地位。因此，史家评论多以贬词加之，不足论哉！

然而，细读《辽史》，不愠不躁，详斟细酌，或能体会出其有相当的过人之处，而略加分析，则可悟出辽道宗在中国民族融合的历史中有很大的贡献。他在一个特殊的历史阶段中扮演了一个极其重要的人物，在中国北方民族意识形态的转变过程中起了相当的作用。具体地说，就是在他统治期间，一方面扩大并发展了以儒家学说为主导地位的统治理念和文化体系，从根本上提高了以契丹为主的北方所谓"夷族"的文化素养，提高了他们对汉文化和汉族人民的认知能力；另一方面，辽道宗从根本上消除了战争的危险，在北方的土地上给广大的北方民族营造了一个相对安宁的生活环境，并且造成了一个全民尊重汉文化，学习汉文化的氛围，从而使得北方以汉族为主的定居民族以全新的角度审视这位契丹的君主，认识这个"夷族"的政权。而这所有的一切，使得辽朝国土上的南北民族在意识形态上有了很大的转变。由于意识形态的转变，又使得辽朝的民族矛盾降至最低的程度，使北方汉、契、奚、渤海、回鹘等诸多民族的士人积极地投身到辽朝的建设中，从而在辽朝的国土上形成了一个南、北向心围绕的效果。

我是同意王先生的主要观点的，即肯定耶律洪基在施政方针上称得上是个贤明的君主，从《辽史》中可以看到他的经济政策是成功的，能连续三年战胜自然灾害，逢灾即赈，没造成饿殍千

契丹文"光照日月，德配天地"

里，而且能使经济迅速恢复，这在中国古代史上是罕见的。他去世后留给后世子孙巨大的物质遗产让人瞠目，数千万匹官马，沿边各州数十万硕赈灾后仍存放的米粟，各地库府堆积如山的银帛。仅群牧官马一项就价值几亿两白银。

其次，他使辽国排除了国内外的一切干扰，保持了与宋朝的长期和平，给辽、宋两国百姓带来持久发展的机会。辽道宗时，宋、辽双方虽然和平相处，但并非没有战争的隐患，宋、辽边境国土争执始终存在，处理稍有不慎，即可引发战争。道宗对北宋的政策基本上采取了克制忍让的态度，务求不使矛盾升级。在具体事件的处理上极其冷静而又仁义尽至。如对宋侵食边土，欺凌边民之事的处理，豁然大度，有理有节，令中外人士交口称道。

除此之外，他大力弘扬汉文化，教化各族民众趋同求一，在努力使辽朝人民成为中华文化的代表方面做出了卓越而具体的贡献，为契丹民族融入中华大家庭做足了工夫。道宗时期虽说不上盛世，但说那时百姓最自由最富足最幸福应是符合实际的。这情况从遍布中国北方大地的有关道宗的石刻资料上，辽人发自内心的话语中可以得到证实。如大康七年《义丰县卧如院碑记》就出现了对道宗很夸张的赞词：

伏维今皇帝璿衡御极，至斗乘时……销剑归农，率土有仓箱之咏，囊弓弃武，边防无烽燧之虞，百代之间，一人而已……（陈述辑校《全辽文》卷九《义丰县卧如院碑记》224页，中华书局）

大安八年懹州西会龙山汉契百姓"男女各五百人"捐建的舍利塔铭中的句子应该有一定的代表性：

伏愿天祐皇帝，燕国大王，二仪同坚于社稷，亲王公主，皇侄皇孙，百世永茂于宗枝。然后上至文武百寮，恒居禄位，下及庶类州司，长添福德……施主邑人，早登涅盘之乐，更愿国泰丰稔，民安乐业……（陈述辑校《全辽文》卷九《懹州西会龙山碑铭》241页，中华书局）

对一个君王，百姓能给予"百代之间，一人而己"、"二仪同坚，百世永茂"的评语和赞颂，实乃人间奇迹，这样的帝王被称颂为"德配天地，光照日月"应不为过。回眸观史，二千余年间被百姓这样颂扬的帝王，古今中外还真少有，耶律洪基能是其中一个，其治世有过人之处是不言而喻的。

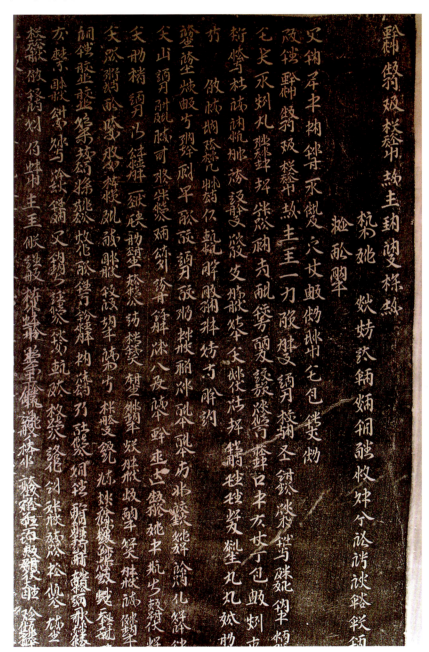

契丹文辽道宗皇帝哀册（局部）

契丹文面"敕宜速"背"历任两可汗"银符牌考

辽代契丹文面"敕宜速"符牌，作为办理皇家事物的"圣旨牌"，因功用多样，使用人员众多，故比当时所铸任何一种符牌都多。因任务不同，背面所镌文字亦不同。

藏友送来一个面"敕宜速"背阴铸五个契丹文的银质符牌让笔者鉴定。看着布满牌背的契丹文，忽然想起自己藏品中也有一枚和此牌背文完全一样、只是字型较小的银质"敕宜速"符牌。翻出一对，果不其然，文字一模一样。只不过藏友的符牌背面每个字都有拇指指

契丹文面"敕宜速"背"历任两可汗"大型银符牌

甲那么大，均匀布满牌背。而我的牌子背文每个只有黄豆大小，五个字都铭铸在牌背左下方。

为什么同样文字、同样材质的"敕宜速"符牌，会铸成文字大小不同的两种类型的符牌？遍查史料，不见任何记载，也未闻有此类符牌踪迹。但可以肯定的是，两牌都是真正的契丹符牌，铭铸的双钩楷体契丹小字，是辽代中晚期一种标准官方书体，在各种官制物品上都可见它的身影。

对比两面牌子，大小厚薄基本一致，长都在210毫米左右，宽都在60毫米上下，厚都在2～2.5毫米间，穿孔内径都在9～10毫米，穿孔外径都在19～20毫米，穿孔厚都不足5毫米，重量均在260克上下。背上铭铸的双钩体契丹小字，直译成汉字意为"二可汗历任"，文意不通。经笔者反复揣摩，觉得"二可汗"语意应为"两朝可汗"，而"历任"放在可汗

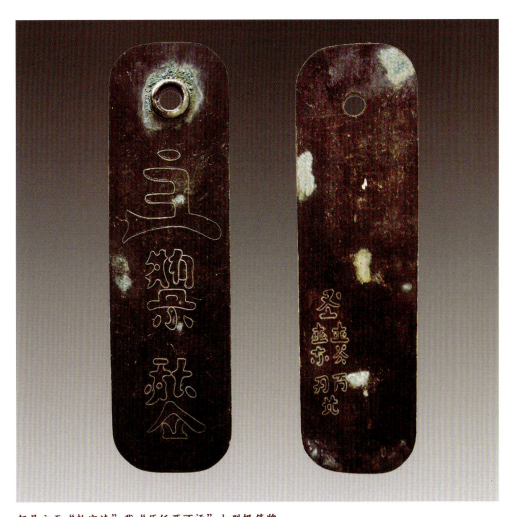

契丹文面"敕宜速"背"历任两可汗"大型银符牌

后，是契丹语的特点，整理成汉语语序应为"历任两可汗"。

从文意上可知此二牌是专门颁给两朝旧臣又在新朝任职的官员、俗称"三朝元老"的符牌。这样的翻译使人觉得意犹未尽。原来它缺少了语句中的主语，即"历任两可汗"的主体，即"历任XX之X"。为此，笔者在"可汗"之后加上了"职官之臣"二字，以符合汉族的语言习惯。全句译文最后定为"历任两朝可汗职官之臣"。

笔者臆测，此种符牌是新皇帝颁发给在本朝致仕（即"退休"）老臣的一种荣誉凭证。获此牌者在政治、经济上肯定会有一些特殊待遇，如无旨陛见，乘车入宫，柱杖免拜，给予葬具等等。《辽史·圣宗纪》就记载了承天太后与圣宗对老臣室昉、邢抱朴、马得臣的种种优待。同样的牌子为什么会有字形大小悬殊的两个版别呢？笔者认为是铸造先后的区别，小字的应为先铸，使用过程中因为字太小，不方便老眼昏花的老臣使用，故而听取老臣意见改铸成字文阔大的新版符牌。

这两种面"敕宜速"背阴铸"历任两（朝）可汗（职官之臣）"的符牌，产生于辽代二百多年的哪个阶段？笔者认为它们应是辽道宗清宁年间的作品。理由为：

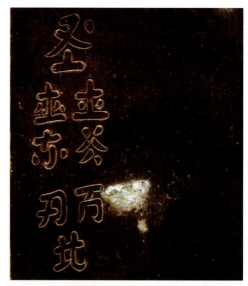

契丹文"历任两可汗"

一、双钩楷体官用契丹小字最早出现于辽兴宗重熙年间，所以此两种符牌制作时间不会早于重熙年间。

二、能活到天祚帝，因为中间隔了近50年。所以，能产生"历任两朝可汗职官之臣"的时间只能是辽道宗清宁期间。

这两枚产生于辽道宗清宁时期的"敕宜速"符牌，对研究辽代符牌制度、官员养老制度，以及社会尊老养老风尚，都有着重要的作用。由于"三朝元老"的稀少，决定了这种"面'敕宜速'背阴铸'历任两（朝）可汗（之臣）'"符牌的珍罕，加之是贵金属铸造，更使其身价倍增，把其列为中国辽代珍稀符牌应不为过。

"敕宜速"银鎏金符牌背阴刻契丹小字考

辽代"敕宜速"金银牌的性质、用途、种类、铸期，笔者已有数篇文章论及，现在对最近发现于内蒙古四子王旗的契丹文"敕宜速"银鎏金牌予以考释，并对阴刻文涉及的辽代符牌制度给予进一步的阐述。

这是一面银质鎏金契丹大字"敕宜速"牌，牌长210毫米，宽60毫米，厚3毫米，穿孔内径12毫米，外径22毫米，深14毫米。内壁有磨痕。重290克。牌面有金锈，呈亮橙色，契丹大字双勾阴刻，阴刻部分可见金黄鎏金痕。牌背右

"敕宜速"银鎏金符牌

侧从上至下阴刻六个契丹小字，左侧下部阴刻三个契丹小字。

这些契丹小字都不生僻，牌背右侧从上至下阴刻的六个契丹小字，直译为"左院贰之狩猎敕"；左侧下部阴刻的三个契丹小字，直译为"国之枢密"。这样翻译的文意虽然大体可领略，但不能连缀成文，总体文意无法准确了解。契丹语中多倒装句，直译出的汉文必须按汉语语序进行整理。经整理，译文为"国之枢密敕左院狩猎贰字"。译文中的"贰字"的"字"，刻文中是用虚词"之"借代的。全文白话意为："（这个牌子是）契丹国枢密院颁发（给）左院狩猎（用）贰字（牌）。"

阴刻契丹文告诉了我们许多不书于或不可能书于《辽史》的信息。如，枢密院是颁发"敕宜速"金银牌的权力机关，而不是如《辽史·仪卫志二》符契篇所说：

> 银牌二百面，长尺，刻以国字，文曰"宜速"，又曰"敕走马牌"。国有重事，皇帝以牌亲授使者，手札给驿马若干。驿马阙，取它马代。法，昼夜马七百里，其次五百里。所至如天子亲临，须索更易，无敢违者。使回，皇帝亲受之，手封牌印郎君收掌。

《辽史》编者把"敕宜速"与"敕走马牌"两个性质、用途不同的符牌混在一起记述，以致后人无法将其与出土文物相印证。通过此牌阴刻文字我们知道，此"敕宜速"牌是契丹国枢密院颁

"敕宜速"银鎏金符牌背刻"国之枢密敕左院狩猎贰字"

发的。它的用途不仅是传达命令，须索更易，更是调配任务，要求有关部门为皇帝活动提供各种服务的符牌。如为皇帝"狩猎"、"捺钵"、"巡幸"、"祭祀"等提供必要的衣食住行活动的物资和安全保障。活动准备时颁发"敕宜速"牌，目的是使有关部门见牌拨物调人，活动结束符牌交回枢密院封存。

而"敕走马牌"重在向外地传达圣旨敕令，所以要"皇帝以牌亲授使者，手札给驿马若干"。要走马（配发代步的马匹），要"昼夜马七百里，其次五百里"。

阴刻文中的受牌单位"左院"于《辽史·百官志》不见，从其任务是为皇帝"狩猎"服务来看，该机构应是北面官系统的为皇室服务的官署。北面官系统中只有"北面帐官"担负此种任务，可遍查北面著帐官所属机构不见"左院"之设。就在走头无路时，发现了一篇由辽宁大学历史文化学院教授韩世明、日本立命馆太平洋大学女教授吉本智慧子（汉名乌拉熙春）合写的《梁国王墓志铭文初释》，文中有墓主人辽代梁国王石鲁隐术里者（汉名萧知微）曾于"重熙十四年（1045）任

契丹贵族驼车出行图

左院郎君班详稳"的记述。

郎君班是北面著帐官著帐郎君院管辖下管理著帐郎君、娘子的一个机构。著帐郎君、娘子都是内族、外戚及世官之家犯罪者从事杂役的奴隶，统由著帐郎君院管理，下设祗候郎君班详稳司和左右祗候郎君班详稳司管理具体事务。从萧知微墓志里才知道左祗候郎君班详稳司又称作"左院郎君班详稳司"，只有郎君班的郎君、娘子在皇帝"狩猎"时，才能从事架鹰、牵狗、驱赶猎物等杂役。向"左院郎君班详稳司"颁发"狩猎""敕宜速"牌，命他们做好"狩猎"准备工作应是"狩猎"前的惯例。

至此，我们已全部解读了这枚背刻阴文契丹小字"敕宜速"牌负载的信息，还原了辽代符牌制度记载上的部分缺失，肯定了这枚背刻阴文契丹小字"敕宜速"牌对《辽史》补缺纠谬的重要贡献。

此外，这枚背刻阴文契丹小字"敕宜速"牌的面世，对此前发现的同形制"敕宜速"金银牌的断代也起到了一个纠错辨伪的作用。说它是21世纪辽金符牌史的一个重大发现并不为过，希望它今后对揭示辽金符牌制度起到新的更大作用。

"敕宜速"背"国之捺钵敕左院秋狝之贰字"金符牌考

前面就"敕宜速"背阴刻契丹小字符牌做过考释，厘定它的阴刻文为"国之枢密敕左院狩猎贰字（牌）"。无独有偶，笔者近日又获得一面与那个符牌仅差两字的金质符牌。此牌含金量不高，只有50%左右，有使用、磨损的痕迹，从包浆看没入过土，属传世品。

此牌高211毫米，宽63毫米，厚2.53毫米，穿内径9.77毫米，穿外径19.30毫米，穿郭厚5.46毫米，牌重287.6克。牌面用双钩文阴刻三个契丹大字"敕宜速"。牌背从上至下阴刻单线契丹小字两行，右主行刻有六个字，依次直译汉语意为"左院贰之（秋）狝敕"，位于牌左下方一行刻有三个字，依次直译汉语意为"国（之）捺钵"。按汉语语序整理后其直译汉语意为"国（之）捺钵敕左院（秋）狝之贰字（牌）"，译成白话文就是"（这个牌子是）契丹国皇帝行帐颁发（给）左院秋猎（的）贰字（牌）"。

两面牌子的阴刻文，从刻工刀法、书写习惯、笔迹鉴定可以确定为一人所刻。两个牌子发牌机关不同，一为皇帝行帐，一为枢密院。两个牌子材质不同，一为金牌，一为鎏金银牌。两牌的阴刻文字主体丝毫不差，可译文却有较大差异。

以上这些现象说明了什么？它说明辽代符牌制作管理制度非常严格完善，

"敕宜速"背"国之捺钵敕左院秋狝之贰字"金符牌

每项工作都是专人专责。国家有专门制作符牌的机构，分工细腻，职责明确。不同的机构领取发放不同的符牌，制度严密，丝丝入扣。不同级别、不同任务使用不同材质、不同机构发放的符牌。

文字一样的牌文，为什么译为汉文后，译文会有明显差异？这是因为颁发机关不同，使牌子接受单位和表示任务内容的关键字的外延和内涵都发生了变化，所以译文不得不随之变化以图更准确地诠释牌文。国家枢密院是管理国家政务的最高机关，政务说通俗些就是国家的人财物管理事务。枢密院在国家四季捺钵中负责人财务供应就是它分内的事了。其中负责提供各项服务的人员，就是枢密院的任务之一。

左院，又称左宫，是专门为皇室提供各种服务的重要机构。按理说《百官

金符牌上的"狝"字（或狩猎）

志》应有所记载，可《辽史》却只字未提，不知是什么原因，只能待考。现时这些关于左院的记载都是采自辽代墓志铭，知道左院设有郎君班、千牛卫，有详稳、大将军、夷离毕等官职。

细研《辽史·百官志》后认为，北面著帐官的著帐郎君院应该就是所谓的"左院"。理由一，北面官在横帐之北即横帐之左，所以北面官系统的机构都可既称北又称左，著帐郎君院称"左院"是顺理成章的事。理由二，"左院"的工作范围和著帐郎君院相同，都是为御帐、皇太后、皇太妃、皇后、皇太子、近位、亲王作祗从、伶官、执事禁卫等。

知道了著帐郎君院即是左院，对解读两牌的性质就更有利了。著帐郎君院即左院的两大任务，一执事，一禁卫。国之枢密既然负责了执事任务的布

置，颁发了"敕宜速"银牌给了郎君班详稳命令他配备执事人等。那么，国之行帐就一定是要求左院做好秋猎的禁卫任务，"敕宜速"金牌就一定是颁发给左院千牛卫大将军，命令他调动兵马，做好禁卫所有参加秋猎皇室人员安全的工作。

相同牌文的背后任务和接受单位的不同，使牌子的材质发生了改变，更重要的是颁牌机关的不同，使相同字的译法不得不发生了变化，所以两个牌子的译文出现了区别。两个牌子中的同一个字，前面那个符牌中译作"狩猎"，是最正常和正规的译法，因为枢密院随时可以组织一场行猎。可是这面牌子上同样的字，就不能用平常的"狩猎"来翻译了，因为颁牌机关"国之捺钵"已点明了这个字的性质"捺钵狩猎"。查辽之四时捺钵，只有秋捺钵是以狩猎为主，所以牌上字只能译作汉语"狝"字。汉语中有"秋狝"一词，而"狝"字本身，在中国古代就是秋天行猎的专用名称。《尔雅·释天》曰"秋猎为狝"。因牌上契丹字是"秋捺钵"的意思，因此译文只能译为"狝"字。

《辽史·营卫志》载"秋捺钵"：

曰伏虎林。七月中旬自纳凉处起牙帐，入山射鹿及虎。林在永州西北五十里。尝有虎据林，伤害居民畜牧。景宗领数骑猎焉，虎伏草际，战栗不敢仰视，上舍之，因号伏虎林。每岁车驾

契丹帛画皇帝捺钵升帐图

至，皇族而下分布泺水侧。伺夜将半，鹿饮盐水，令猎人吹角效鹿鸣，既集而射之。谓之"舐碱鹿"，又名"呼鹿"。

该牌就是准确记录这"秋捺钵"的符牌。

为什么不同材质、不同颁发机关、任务不同的两个牌子，牌文中都有"贰之（字）"呢？笔者认为这是为"秋捺钵"服务机关的编号。"贰之（字）"是谁呢？笔者认为是北面御帐官侍卫司。《辽史·百官志》载：

贵戚为侍卫，著帐为近侍，北南部族为护卫，武臣为宿卫，亲军为禁卫，百官番宿为宿直。奉宸以司供御，三班以肃会朝，硬寨以严晨夜。法制可谓严密矣。

这里《辽史》把御帐即为皇帝行帐服务的顺序编号已完整公布，即侍卫司为"壹"字，著帐院"贰"字，南北大王院"叁"字，四帐详稳"肆"字，御帐亲军"伍"字，百官轮直"陆"字。辽代四季捺钵时应就是以这套编号分工并颁发皇帝的"敕宜速"金银牌，命令各机构负责行帐人员的物资供应和人身物品安全的。

辽契丹文"面'敕宜速'背'国之行帐敕左院秋狝贰字'"牌为辽"捺钵"制度研究提供了可靠的实物证据，为《辽史》著帐郎君缺失的资料进行了有益的补充，为研究辽的符牌制度特别是皇帝"圣旨金银牌"制度增添了一份可靠而重要的资料，其文物价值和历史价值都是极其宝贵的，是无可替代的，称其为国宝亦不过誉。

背阴刻契丹文"北院承旨"龙牌考

笔者藏品中有一面背阴刻四个契丹文的圆形龙牌，径49.82毫米，厚3.67毫米，重37.6克。牌为不规则圆形，面缘为重轮，外缘较宽，阴刻齿纹；内缘为细缘。牌上高浮雕一条龙头位中央身体呈"S"形立龙，周围空地散布云纹和吉祥宝珠等物。该牌包浆老道，深沉古朴，晶莹似玉，温润光柔。牌背平夷，光滑似板。板上按四方阴刻四个契丹小字。经辨认，四个契丹小字汉译为"北院承旨"四字。其读序为上（北）下（院）左（承）右（旨）。

辽朝为管理不同生活与生产方式的民族，制定了"以国制治契丹，以汉制待汉人"、"因俗而治"的统治方法，在中央统治机构中，分别设置了北面官和南面官两套官制。"北院承旨"即为北面官制中北面朝官中相当于二三品级（相当于现在部级）的重要官员，它的全称应为"北院都承旨"，是北枢密院枢密使、副使一级长官下面最高级别的行政官员。

《辽史》卷四十五《百官志》载：

契丹北枢密院。掌兵机、武铨、群

背阴刻契丹文"北院承旨"龙牌

牧之政，凡契丹军马皆属焉。以其牙帐居大内帐之北，故名北院。元好问所谓"北衙不理民"是也。

此北院承旨牌面镌龙图，说明北院的重要。耶律氏世为遥辇夷离堇（最高军事长官），后夺得皇帝之位，所以特别重视对军权的掌控。北院枢密使都是由契丹皇室至亲担任。不仅北院，甚至所有北面官制中的官吏一律要由契丹贵族担任。因为北枢密院的官员均来自耶律贵族，均是天潢贵胄，所以北院官员的符牌面镌龙图。

此北院承旨牌是契丹北院官员证明身份的符牌，相近于现今各机关的徽章或通行证，北院上下官员的牌大约都是一样，根据每个人担任职务在背上阴刻上他的职务以便区别。从此牌身上可以看出辽代政府机构管理的缜密和严格。这恐怕是契丹能立国数百年的一个重要原因。

这种北院承旨铜质龙牌，应是早期辽太宗、世宗时期，或更早的辽太祖晚期铸造，是北枢密院草创时期的物品。因为自太宗、世宗完善了官制后，相等于三四品官的"北院承旨"都改用金银符牌了。

此种圆牌当时铸造不会太多，经战乱、损毁，流传至今的相信已是凤毛麟角了。作为契丹国家体制管理的见证，收藏此种圆牌的同行，万勿因其陋小而轻视它！

契丹文"天云军"虎头牌考

这是一面青铜质虎头牌，上有三个契丹字。长久以来，只是根据其形制，猜测它是和军队有关的符牌，因为古人一直把狮、虎作为军队的象征，取其威镇四方之意。

全牌通高96.80毫米，重118.6克。其中，虎头高41.54毫米，宽34.57毫米，厚10.93毫米；牌身肩宽40.54毫米，底宽52.15毫米，底高67.33毫米，厚3.61毫米。牌面上方浮雕一个神形俱佳虎虎生威的虎头，头顶有一个直径3毫米的穿孔。虎肩下连一梯形牌，在近5毫米的边缘内铸有三个契丹阳文。通体红斑绿锈，古朴粗犷，古意盎然。

后来，对照《辽上京地区出土的辽代碑刻汇辑》，发现了一条和虎头牌契丹文相近的已翻译的词语："天云军详稳事知"（《金代镇国上将军墓志铭》第七行），里面有三个契丹文字和虎头牌的三个字一模一样，知道三个字汉意为"天云军"，明显是一支军队的番号。

查《辽史·百官志二》，确实有"天云军详稳司"的官职，知道辽确有"天云军"的建制，其职能相当于现今的军种司令。此虎头牌应是"天云军"信使与朝廷联络的信牌。据笔者了解，虎头牌以不同材质制作，以完成不同任

契丹文"天云军"虎头牌

务。目前已发现铜鎏金（赏月斋藏）、银（内蒙泉友藏）、铜（除我收藏的这枚外，尚有辽博藏一枚）三种虎头牌，应该还有其他材质的虎头牌。

天云军是一支直属于中央的"野战军"，不属于任何宫帐、部族、属国，它是保卫京畿以抵御外来侵略，并且镇压内部叛乱的机动部队。平时训练屯田，一有任务凭调兵符调动，奔赴战场。

说起调兵符，《历代符牌图录》（罗振玉编，中国书店出版）里即有一枚金国鱼形调兵符，其上镌契丹文为"天云军详稳"。该兵符即是调动天云军的专用鱼符。《辽史·仪卫志·符印篇》对鱼符的使用有具体的记载：

罗振玉《历代符牌图录》金国鱼形调兵符拓片

金鱼符七枚，黄金铸，长六寸，各有字号，每鱼左右判合之。有事以左半先授守将，使者执右半，大小、长短、字号合同，然后发兵。事讫，归于内府。

罗先生把"天云军详稳"鱼符归于金国，显然是张冠李戴了，因为金没设过"详稳"这一官职。

从目前存世与出土的实物看，《辽史·仪卫志·符印篇》记载尚有疏漏，即调兵鱼符除黄金铸造外，尚有银、铜铸者。它是根据任务重要与否、需用兵员多少而使用不同材质铸造的调兵符。目前，辽宁省博物馆藏有一对"天云军详稳"铜鱼符，一位内蒙朋友藏有一半文字不能辨识的银鱼符，金鱼符尚未见实物。

前文曾提到，"有事以左半先授守将，使者执右半，大小、长短、字号合同，然后发兵"。据我妄测，这位上级使者在去天云军驻地时，应该携带天云军虎头牌，以便通过各哨位。在没见到主帅前，相信他绝不会把调兵符出示给任何人。虎头牌的重要作用这里可见一斑。

天云军虎头牌虽然瞅着不起眼，但它鉴证了辽代兵制的管理、调动情况，印证了天云军的存在，其珍贵的历史价值、文物价值不容忽视。特别是赏月斋泉友的鎏金虎头牌和内蒙泉友藏的银虎头牌更是宝中之宝。

"赏月斋"藏辽铜鎏金虎头牌

契丹文"天云军"虎头牌雕样发现的意义

契丹文"天云军"虎头牌雕样，牌通高100毫米左右，牌两面上部均为虎头，重130.5克。虎头高42毫米左右，宽35毫米左右，厚15.26毫米；牌身肩宽41毫米，底宽53毫米，底高68毫米，厚3.7毫米。

与此前所发现之所有契丹文"天云军"虎头牌迥异之处在于两点：

一是其雕刻之精致超越其他虎头牌，突出表现在虎头和契丹文"天云军"三字的雕刻技法的精湛上。虎头采用圆雕工艺，总的基调是静态的，但静中寓动，突出圆睁的虎目和两腮肌肉的

隆起，平添一份虎虎生气，又显示出十分的警觉，似乎它在注视随时可能出现的险情。

在雕琢装饰技法上大量使用阴刻细线，虎的眉毛、下巴、腮等细部，都使用了许多阴刻细线，使虎眉、虎目、虎腮、虎嘴的体貌特征，生动形象地显现出来。背面虎头和前面虎头风格又不一样，刀法粗犷，雄健恣肆，寥寥数刀，就把虎头的外貌神情都栩栩如生地表现出来。雕刻的三个契丹字，字体雄浑恣肆，大气磅礴，处处显示着大国之风。

二是形制与普通牌子区别显著。所

契丹文"天云军"虎头牌雕样

有行用牌背都是平夷的，虎首部位只是为省材料铸造成的凹形。而这枚雕样上部仍铸了一个虎头，显然是为审查刻意而为，目的是使送审品更加美观，更加便于获得审查通过。

以上两点说明此双面虎头牌绝非一面行用的普通职司牌，加上它多次精炼、高贵温润、金光闪耀的铜材，充分显现了它众牌之王的高贵雍容的英姿和傲视群雄的地位。它是我国首次发现的唯一古代符牌雕样实物，为揭开辽代铸造科技高度发达的事实提供了直接证据。同时，它再次以实物驳斥了认为契丹文只能用于佛道符牌，而不能在下层军民中使用的谬论。

现在许多人不了解辽代钱币和符牌是用范铸法还是用母钱翻砂法铸造的，

"经济落后"、"技术低下"的臆说把契丹承唐科技的历史完全抹杀了。由于契丹承唐科技发展史料和实证的缺失，直至今日仍有许多人把母钱翻砂法的正式使用时间定为北宋，而对契丹开国之前即用母钱法铸造钱币和符牌的史实只字不提。

实际上，隋唐时代母钱翻砂法的工艺就已经充分完善，工序流程就基本固定。大体形成了：一、按主管官员意图设计模型（钱样或牌样）；二、雕出钱样或牌样送审查官员审查批准；三、批准、需修改、废弃三种情况；四、以被批准雕样，根据需铸数额翻制铸母，颁发至钱监开铸新钱或新牌。

种种迹象表明，契丹文"天云军"虎头牌雕样确系呈送审查官员待批的雕

契丹文"天云军"银面虎头牌

样，是普通行用辽契丹文"天云军"虎头牌的雕祖或称祖样，它背面的虎头应在审查时去掉，既为省材更为携带方便。铸造子牌的母牌应是没有背面虎头的模样。

天云军作为直属中央的军种，建制应在辽太祖时期，"天云军详稳"铜鱼符的发现证明了这一点。此枚契丹文"天云军"虎头牌雕样的发现，说明辽太祖时期契丹的母钱法翻砂铸造工艺已达炉火纯青地步，契丹人不但能铸造出精美的各式钱币，而且能用翻砂铸造工艺铸造出形神俱佳的各种符牌。职司符牌是需要量极其巨大的符牌，牌上文字使用契丹文，说明此种文字官兵普遍认识熟悉，否则不会使用它。从而说明契丹文在辽朝并不像当代所谓契丹史专家认为的那样难认难懂，而是相当普及，基本是识字者就可识可知。

辽契丹文"天云军"虎头牌雕样的发现，为契丹铸造史、符牌史、钱币史研究提供了实物依据，在揭示契丹文明上将发挥重大作用。所以，它不仅是一个精美的艺术品，更是鉴证契丹文明的宝贵文物，其价值是无法用金钱衡量的。

契丹文金鱼符之右半符考

有幸品鉴了一枚辽代契丹文金鱼符的右半符，符面凸起部分几乎磨平了，心中疑云不免暗暗升起：这么平如何左右勘合？再看大小，长不足12厘米，和《辽史·符契》所记"长六寸"（按唐小尺）好像有差距。还说符上"各有字号"，可此金鱼符上却找不到字号踪迹。特别令我怀疑的是鱼符背后刻了一行契丹字，汉译为"大康六年春"。金鱼符是国家调兵重器，是长期使用的国宝，岂容在其背刻上时间？

这一连串的疑问，使笔者当即否定了它的真实性，明确告诉持有人此金鱼符是假的。然而，当躺在床上回想鉴定金鱼符的经过时，突然觉得结论下得有些唐突，还缺乏与参照物细致核对的环

契丹文金鱼符右半符面

节。

记得前面考证契丹文"天云军"虎头牌时，曾提到一组"天云军详稳"铜鱼符，辽宁省博物馆藏有该铜鱼符实物，罗振玉所著的《历代符牌图录》里收有该鱼符拓片。1985年出版的《契丹小字研究》也收入了该鱼符拓片。

想到这些，顾不上睡觉，连夜在资料库中找到了这些资料。通过比对，确定金鱼符和铜鱼符文字相同，只是形制、材质有别。铜鱼符背略成弧形，不见文字；金鱼符背扁平，铭刻文字。

比对结果，金鱼符的命运面临两种选择：

一是确定其是根据铜鱼符仿造。但因材质没有检测，定其为伪尚嫌证据不足。还因为此鱼符整体熟旧自然，磨损无人为制造痕迹。其长度虽和唐小尺不符，但符合已发现《辽史》"符契"所记"敕宜速"牌的尺寸比例。"敕宜速"牌的"长尺"都在200—210毫米，如果这个长度是辽尺长度，那辽金鱼符长六寸即120毫米左右应和记载相符。

二是确定其为和真实铜鱼符同时所铸的高等级调兵鱼符。调兵鱼符应分需要不同、材质不同的鱼符，就像职官按等级分别佩戴金、银、铜牌一样。《旧唐书·卷四三·职官志二》记载，符宝郎掌管的牌符有三类：铜鱼符，起军旅，易守长；传符，给邮驿，通制命；随身鱼符，明贵贱，应征召。符分三种：太子玉符、亲王金符、庶官铜符。

契丹文金鱼符右半符背

辽朝建国，多承唐制。调兵鱼符之设亦应和唐符一样，分金、银、铜三等。

《辽史·卷五七·仪卫志三》"符契"条记：

自大贺氏八部用兵，则合契而动，不过刻木为合。太祖受命，易以金鱼。金鱼符七枚，黄金铸，长六寸，各有字号，每鱼左右判合之。有事，以左半先授守将，使者执右半，大小、长短、字号合同，然后发兵。事讫，归于内府。

从实物出土情况看，辽不只铸了金鱼符，还铸了铜鱼符，可能还铸了银鱼符。金、银、铜三鱼符如同时铸造，其形制、文字亦应相同。

基于以上原因，笔者认为，这金鱼符之右半符不宜轻易判定真伪，一切要等到成分检测和文字译出后才能最后判定。如成分和辽大康时期金制品相同，那即可确定为真品；反之，差异较大，就可判定为伪品。另外，此鱼符文字从未全面翻译过，在没有检测成分之前，了解此鱼符文字内容，亦应是判定其真伪的重要依据。为此，笔者不揣浅陋，试着翻译了这枚契丹文金鱼符的右半符。

该鱼符长112毫米，宽40毫米，厚3.2毫米，重170克。鱼头嘴有穿孔，孔下有一四方形凸起之槽，槽内有一类A字形凸起，A的两腿之间有一小方形凸起。根据有关鱼符资料，知是和左半符上方凹下的同字槽勘合之用。鱼尾左侧和中部各有一凸起平台，左台下部有一小孔，鱼尾中亦有一穿孔，这些应都是和左半符销柱及凹槽勘合之用。

符身上分两行，大小错落阳铸八个契丹小字，不知是有意保密还是不想让外人辨认，文字不是按正常语序铭镌，而是将文字次序打乱，加上有的字特意缺笔少画或变形，文字本身就像密码天书，使翻译特别艰难。经过数十遍排列组合，把直译的不知所云的八个字，组合成汉字："大孝文皇帝敕宜速"，意为"（天祐）皇帝命令立即执行"。鱼背自上而下阴刻五个契丹小字，汉译为"大康六年春"。此五字应是铸造此符或颁符之时间，是纪念性文字。

从符上文字可知，此金鱼符不是辽太祖阿保机所铸的七枚金鱼符，而是道宗天祐皇帝耶律洪基所铸金鱼符。背文时间应是铸造或使用此金鱼符的时间。据此可推知，辽代每个皇帝登基后，都要铸造镌有自己尊号的调兵用金、银、铜鱼符，左半符刻有领符军队最高指挥官官名和编号，交由最高指挥官保管；右半写皇帝尊号和命令立即执行的鱼符，平日由内府符宝郎君保管，需用时由皇帝亲手授予使者加之圣旨，使者拿右半符与需调动部队最高指挥官例执左半符契合一起，验证大小、长短、字号合同无误后，然后发兵。军事活动结束，右半符由使者带回由皇帝亲验，重新归于内府。

辽宁博物馆展出的鱼符及拓片

既知晓铸主是道宗耶律洪基，铸造此符或颁符的时间是"大康六年春"，就有必要对"大康六年春"前后的史实进行排查，如当时确有需要调动军队或撤换指挥官的大事发生，那此金鱼符的真实性就大大增强。查大康六年（1080）为道宗朝耶律乙辛、耶律仁杰（张孝杰）奸佞掌权集团开始失去权势之时。自大康六年始，把持朝纲整整七年，制造了诬皇后、杀太子等惊天冤案的耶律乙辛与耶律仁杰（张孝杰）等人的权力开始被一点点剥夺，最终被道宗皇帝斩杀。

据《辽史·道宗纪》载：大康五年（1079）末，道宗已觉察到耶律乙辛和耶律仁杰（张孝杰）集团的危险，他采取了先升后降、明升实降的策略，封耶律仁杰（张孝杰）为宰相，加侍中；以北院枢密使魏王耶律乙辛知南院大王事，加于越，把他架空。接着，巧妙地用取消非皇子一字王的办法，把魏王耶律乙辛降为混同郡王。

大康六年（1080），道宗以雷霆万钧的手段，把耶律乙辛和耶律仁杰下放到地方，并大幅调整了军队将领和部署，形成对耶律乙辛和耶律仁杰集团成员的钳制和监控。六年春正月辛卯，耶律乙辛出知兴中府事。冬十月丁卯，耶律仁杰出为武定军节度使。并先后对忠顺军、广德军、奉先军、武定军等节度使进行了调整，从政治、军事、行政诸方面，为最后铲除耶律乙辛和耶律仁杰

集团做好了准备。大康七年（1081）十二月丁卯，武定军节度使耶律仁杰以罪削爵为民。辛未，知兴中府事耶律乙辛以罪囚于来州。这个恶贯满盈的奸佞集团终于走向了灭亡的结局。

从大康六年（1080）诡谲万端的形势看，道宗颁铸"起军旅，易守长"金鱼符是符合当时形势和需要的。造假者不会特意迎合道宗的部署造这金鱼符的。这就为确定鱼符为真增添了一枚至关重要的砝码。另知道鱼符左半牌文为"天云军详稳"，作为皇帝直控的"中央军"的"天云军"其指挥官必然是皇帝的心腹，从这一点出发，大康六年（1080年）颁制给天云军随时听从调遣的鱼符也是情理之中的事情。

通过以上对牌文的翻译分析，以及

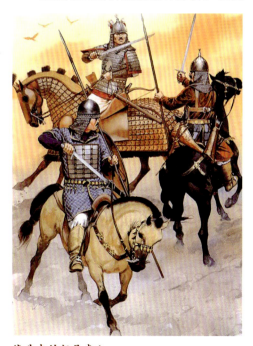

战斗中的契丹武士

对大康年间史实的验证，已可确认其符的真实。如能发现金鱼符的左半符，两者能契合无隙，那就更天衣无缝了。

这半片金鱼符是目前唯一发现的辽代调兵用金鱼符，虽然不是辽太祖耶律阿保机的七枚金鱼符之一，也是极为珍贵的，可补《辽史》符制、军制缺失的文物实证了。其近千年的历史及所蕴涵的深厚的有关契丹文明的信息，都是研究辽和契丹史非常宝贵的资料。

别致有趣的高浮雕狼头铜腰牌

沈阳泉友赏月斋先生给笔者发来了一面别致有趣的高浮雕狼头契丹文"太保"铜腰牌，令我慨叹不已，心中不由升起了对契丹人的艺术想象力和创造力的敬畏之情。面对着栩栩如生的狼首牌，简直不敢相信自己的眼睛：这难道是被人们视为愚昧、落后、野蛮的契丹人创造的最低级别官员的符牌？

铜牌，六品以下官员佩戴之物。前面考释了龙头、虎头铜牌，如今又出现了狼头铜牌，真使人眼界大开。原以为级别越低，符牌质量越差，没想到契丹人却反其道而行之。级别低，设计理念却高；材质普通，制造精细度却高，用艺术之心造就一种旷世符牌精品。

该牌长方形，由红铜铸制，铜质细腻，铸造工艺高超。包浆厚实老道，锈色自然艳丽。长82.7毫米，宽44毫米，牌厚1.46毫米，在牌的上方1/3的地方高浮雕铸了一个狼头，头厚3.7毫米，整个牌重109克。头呈菱形，耳、眼、舌比例适当，雕凿精准，栩栩若生。牌缘4毫米左右，狼首铸有两个契丹小字，汉意为"太保"二字，俨然系持牌人官职。此牌当是身为"太保"官员的随身佩戴之腰牌。

当时，"太保"是皇家护卫的称号。皇家护卫的腰牌为什么用狼头作装饰？其寓意究竟是什么？

狼是草原游牧民族又恨又爱的朋友，几千年来草原民族都把狼视为草原之神予以崇拜。"狼图腾"是中国北方草原民族始终一贯所信奉的民族文化图腾。从炎黄时期的古匈奴、古羌族就已经开始，经突厥、鲜卑、柔然、契丹、蒙古，一直持续到近代。

草原狼在契丹人眼里是永生桀骜不驯的，永远保留着它的天性，神圣不可侵犯的自由、独立和尊严才是狼生存的全部意义。草原狼绝大多数都是战死的，没有多少人能够像草原狼那样不屈不挠地按照自己的意志生活，甚至不惜以生命为代价来抗击几乎不可抗拒的外来力量。这可能和契丹人的民族性格相似，所以促成了契丹人的"狼崇拜"。

此外，契丹人在草原狼的身上，发现、借鉴和学习了很多有价值的东西，比如，强大的攻击力、爆发力和迅雷不

高浮雕狼头铜腰牌正面

及掩耳的行动能力，良好的团队分工、协调和团队合作，以及浓厚的家族亲情和忠诚，等等。这些能力或素质都是人类所渴望拥有的。因此，契丹人认为，狼的能力已经超过了动物的范畴，是真正的"神"。

狼能成为契丹人的崇拜对象，能超越世间的一切生命实体而成为草原"真正的神"，还在于狼的形象已经深入人心，人们害怕狼、敬重狼，与狼斗争，也与狼共存，更与狼共舞。人可以战胜狼，但绝不可以侮辱狼，可以杀死狼，但绝不可以消灭狼。狼是契丹人的勇气和力量的来源，激发契丹人的斗志和潜力，激发着契丹人永不停止地像狼一样地去征服这个世界。"太保"牌子上的狼首

就是这种观念的反映，是"狼崇拜"的表现，既有乞求狼神护佑之意，也有制颁此牌之人企图通过狼的形象教导持牌人要像狼一样机警敏锐，团结一心。

牌上"太保"一职，不是位列三公的"太保"，也不是北面官系统大横帐常衮司、王子院、大国舅司、大部族中所设的"太保"，只是北面宫卫机构里负责护卫皇室成员生命安全的卫兵而已。《辽史·百官志一》说：

辽国之先世，没有城郭、沟池、宫室等建置，惟以毡车为营，硬塞为宫，所以特别设置御帐官。对这类官员的选择，特别谨慎。出于贵戚为侍卫，著帐为近侍，北南部族为护卫，武臣为宿卫，亲军为禁卫，百官番宿为宿直。奉

宸以司供御，三班以肃会朝，硬寨以严晨夜。

从这段叙述可知辽代御帐法制（保卫皇室的制度）相当严密。北面御帐官今可考者，大概有如下几种：

侍卫司，设侍卫太师、太保、司徒、司空等官，掌御帐亲卫之事。

北护卫府，设北护卫太师、太保、司徒等官。掌北院护卫之事。皇太后宫另有左右护卫。

南护卫府，设官与北护卫府同，掌南院护卫之事。

奉宸司，设官未详，掌供奉宸御之事。

高浮雕狼头铜腰牌正面狼头特写

三班院，设左、右班都知、寄班都知等官，掌左、右寄班之事。

宿卫司，设总宿卫事（亦称典宿卫事）、总知宿卫事、同掌宿卫事等官，专掌宿卫之事。

宿直司，设宿直详稳、都监、将军、小将军等官，掌轮直官员宿直之事。皇太后宫另有宿直官。

硬寨司，设硬寨太保一官，掌禁围枪寨、下铺、传铃之事。

从以上《辽史·百官志》所列御帐官名细分析，狼头牌之"太保"，不会是侍卫司或北南护卫府之侍（护）卫太保，因为他们的品级不会低于六品。从腰牌的材质来看，这种"太保"，只能是"掌禁围枪寨、下铺、传铃之事"的"硬寨司"的"硬寨太保"。

什么叫"硬寨"？"硬寨司"与"硬寨太保"又是干什么的呢？

"硬寨"就是皇帝的牙帐外的保卫哨，以枪为硬寨，用毛绳连系。每枪下黑毡伞一，以庇卫士风雪。枪外小毡帐一层，每帐五人，各执兵杖为禁围。"硬寨司"就是在皇帝牙帐外卫以硬寨的管理机构，"硬寨太保"应是该司的最高长官。每座行宫用契丹兵四千人，每日轮番千人祗直。禁围外卓枪为寨，夜则拔枪移卓御寝帐。周围拒马，外设铺，传铃宿卫。

狼头牌之"太保"，未注"硬寨"之衔，说明它只是"硬寨太保"的属官，或仅是禁围外卓枪为寨的卫士而已。但因其职责事关天子安危、国家命运，故非忠贞雄健之士不用，非经考验合格者不用。所以这些狼头牌"太保"，职虽低品级不低，是皇帝心腹部的中坚力量，个个随时面临擢升的机会。狼头牌更成了绝对机密要津重要的特别通行证，当时颁发一定非常严格，铸制数量一定不会很多，能传至今天者实属难得。

狼头"太保"牌的发现，使辽代符牌体系中低级符牌的链条完整了，为勾勒出辽代符牌制度全貌做出了重要贡献。

契丹人骑射图

契丹文"大辽关防"牛头牌考

牛是草原游牧民族的衣食父母，须臾不能离。牛把自己的一切都献给了养育自己的人，它吃的是草，提供给人的是香喷喷的奶，是肥瘦相宜的肉，是宜衣宜甲的皮，是能入药能碾粉的骨头。人们因此也爱牛、护牛、崇牛、敬牛，更把牛视作上天派来庇护人类的神灵，祭祀它并通过它与上天诸神勾通，以获得上天的庇佑。

契丹作为从草原深处走来的民族，更是把牛作为始祖繁衍天族诞生的媒介。白马、青牛伴随着天神地祇孕育了契丹族，契丹人知恩图报，把白马青牛视为与上天神灵及祖先交流的神物，凡祭祀必刑白马青牛以祀之。在日常生活中，契丹人也把牛头当作护身神灵挂饰在身上，乞求青牛神护佑。

笔者收藏有一面早期契丹民族盔甲

牛头护心镜

上的护心镜，径约180毫米，厚5毫米。近5毫米边缘中心立体塑铸一颗硕大的牛头，牛头长着弯弯的巨大牛角，神形毕肖。这个牛头护心镜是绝妙的契丹族人乞求牛神在战场上保佑自己平安的真实写照。

无独有偶，近日老友让笔者考证一面头顶铸有契丹文、面文铸"大辽关防"的牛头牌。牌通高92.6毫米，重105.4克。牛头高37.8毫米，宽17.1毫米，宽53.2毫米，厚7.8毫米；牌身高52.7毫米，宽46.3毫米，厚3.9毫米。牌上牛头与笔者藏护心镜牛头极为相似，同样惟妙惟肖，神形俱佳。牛头顶阳铸一个契丹字，经查，汉译意为"延"。牛头下联铸一方形牌，边框内阳铸"大辽关防"四个隶楷相间汉字。牌背平夷，牛头位置阴刻一个似汉字"放"的契丹小字。经查此字是与牛头顶契丹文"延"字写法稍异的同一个"延"

字。牌背阴刻四个汉字"防十八号"，
"防"字因磨损，耳朵旁看不太清，乍
看会误以为"仿"。

此处"关防"的意思是"关隘"，
有军队驻守的关口要塞。此牌后的阴刻
文字"防十八号"证实了大辽国确实在
境内各重要关口要塞设立了军队驻守防
卫的"关防"。但这牌上关防防守的是
哪个要害部门？牌上又为什么设计了牛
头，其有何寓意？

查"关防"守卫之地，牛头顶契
丹文"延"字实际已经明确告知了该
"关防"的戍卫之地——"延庆宫"。
"延"字是"延庆宫"的简称，是辽兴
宗的"斡鲁朵"，地点在高州西（现赤
峰市元宝山区）。

"斡鲁朵"，意为宫帐。从太祖
起，辽朝皇帝各有自己的斡鲁朵，计
十二宫一府。"斡鲁朵"为有直属的军
队、民户、奴隶的州县构成独立的经济
军事单位，为皇帝私有，死后由家族后
代继承。执政的皇后也有"斡鲁朵"。
辽代各斡鲁朵各有专名，设有专官，置
宫管领。

《辽史》卷三十一《营卫志》载：

有辽始大，设置尤密。居有宫卫，
谓之斡鲁朵；出有行营，谓之捺钵；分
镇边围，谓之部族。有事则以攻战为
务，闲暇则以畋渔为生。无日不营，无
在不卫。立国规模，莫重如此。辽国
之法：天子践位置宫卫，分州县，析部
族，设官府，籍户口，备兵马。崩则扈

契丹文"大辽关防"牛头牌牛头特写

从后妃宫帐，以奉陵寝。有调发，则丁
壮从戎事，老幼居守。

辽兴宗的"斡鲁朵"，名曰"窝
笃盌"。管辖饶、长春、泰三州和四个
提辖司。是辽中期较大的"斡鲁朵"。
"延庆宫"应是牛头"延"字"大辽关
防"军戍卫之要塞。其牌为什么用牛头
做标志？笔者臆测，原因有三：一是用
牛表明"大辽关防"军是宫帐私军，以
和政府军相区别；二是表明"大辽关
防"军是"有事则以攻战为务，闲暇则
以畋渔为生"，"无日不营，无在不
卫"的非正规军；三是以牛头代青牛神
希求它的护佑和降福。

"大辽关防"牛头牌应由政府统一
铸造，根据防戍地的不同，牛头上刻铸
成防地名，然后发给各防戍之军。这种

契丹文"大辽关防"牛头牌

"大辽关防"牛头牌应是关防军戍卫之地的"出入证",属于级别较低的一种军用符牌。别看它级别较低,但因为它当时铸的就少,流传保存下来的更少,所以特别珍稀。

这种"大辽关防"牛头牌,《辽史》失载,它的形制、用途不见所有史料,今天牌子实物的发现补充了史料的缺失,为研究契丹史提供了一件新的史证,其功德可谓大矣!

契丹文"中书令礼部侍郎"职官牌考

这是一面辽早期制度初创时的职官铜牌,制作工艺简陋,材质低劣,但其所刻职官却权倾天下,万人景仰。

这面职官铜牌,通高92.88毫米,穿挂高8.83毫米,牌高84.05毫米,牌径63.27毫米,牌厚1.78毫米,重48.6克。牌呈不规则椭圆形,上铸供穿挂用穿耳,两面左右侧边框内均饰有蔓草形花纹。正面从上至下镌刻三个契丹字,汉译为"中书令";背面从上至下镌刻四个契丹字，汉译为"礼部侍郎"。整个牌子朴实无华，拙朴大方。

"中书令"又称"政事令"，是辽代南面官系统中中央最高机构"中书省"又称"政事省"的最高主官，相当于汉族政权的宰相。是辅佐皇帝制定对汉人政策制度，监督政策落实，任免和管理州县官在员，管理汉地赋税和军马的最高行政主官。

"礼部侍郎"是辽代南面官系统中中央六部之一的礼部的二把手，地位仅次于礼部尚书，相当于常务副尚书，是帮助尚书管理朝廷礼仪的官员。

"礼部侍郎"和"中书令"不是同一级别的官员，中间差了两三级。一般情况下，"中书令"不会兼级别低于自己两三级的官职的。但这面本身真实无误的职官牌却为什么偏偏是"中书令兼礼部侍郎"这样违背常规的兼职呢？

辽代中书省约设于世宗天禄五年（950），但其主要职官中书令却较早出现于史册。《辽史·百官志》中书省条记载：

初名政事省，太祖置官。

《辽史·列传·韩延徽传》：

太祖初，为政事令。

《辽史·列传·韩知古传》：

征渤海有功，迁中书令。

在辽代，谁是中书令兼礼部侍郎呢？经笔者检索，辽代二百多年近七十位中书令中，不见有哪位中书令兼过礼部侍郎。是史籍史料失载？还是因某种

契丹文"中书令礼部侍郎"职官牌

特殊原因漏记？

笔者认为，辽早期袭唐制：

> 始有唐官爵矣。其后习闻河北藩镇受唐官名，于是太师、太保、司徒、司空施于部族。太祖因之。（《辽史·百官志》）

而"中书令"和"礼部侍郎"亦应是辽太祖"袭唐制，因之"的官职，并不是实有"中书省"和"礼部"。再根据辽代职官牌的传承、材质、形制分析，这种高官用铜牌的现象，只存在于辽太祖制度草创时期，这是经过几百面出土和传世辽符牌实物验证的史实。据此，笔者确定这位中书令兼礼部侍郎，不是韩延徽，就是韩知古。

笔者查阅《辽史·本纪》不见记载，又查《辽史·列传·韩延徽传》，虽然韩延徽在"太祖初元，庶事草创，凡营都邑，建宫殿，正君臣，定名分，法度井井"，功劳殊伟，为佐命功臣之一，但却无有任何涉及礼部之事的痕迹，况且政事令一职虽与中书令内容相同，但两官称应是不同时期的官称，时间的区别是客观存在的，所以韩延徽的为政事令绝对不是为中书令。

笔者继续查阅《辽史·列传·韩知古传》，终于查到有用的资料，传曰：

> 太祖召见（韩知古）与语，贤之，命参谋议。神册初，遥授彰武军节度使。久之，信任益笃，总知汉儿司事，兼主诸国礼仪。时仪法疏阔，知古援据故典，参酌国俗，与汉仪杂就之，使国人易知而行。顷之，拜左仆射，与康默记将汉军征渤海有功，迁中书令。天显中卒，为佐命功臣之一。

这其中的"总知汉儿司事，兼主诸国礼仪。时仪法疏阔，知古援据故典，参酌国俗，与汉仪杂就之，使国人易知而行"，即是解读符牌上"礼部侍郎"的最好依据。

太祖时制度草创，"一国两制"的政策虽然已经制定，但南面官系统尚未建立，管理汉人事务的仅有一个汉儿司，而总知汉儿司事的官，只不过是个"司"级官员，根本无法和北面官任何一个主要机构的主官相比。但从韩知古

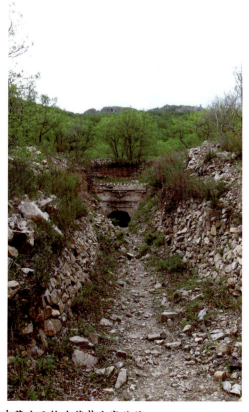

内蒙古巴林左旗韩氏家族墓

"兼主诸国礼仪"一事看，这本应是北面官中视礼部掌礼仪的敌烈麻都司的事，可让他一个汉人去管理去制订，说明他在太祖眼里已是真正的人才，太祖把他视作了自己人。韩知古是以什么身份"兼主诸国礼仪"的呢？笔者认为就是以符牌上的"礼部侍郎"身份去"兼主诸国礼仪"的。当然，这个"礼部侍郎"不是后来的南面官系统"礼部"的"侍郎"，而是辽太祖为韩知古"兼主诸国礼仪"方便，而临时循唐制而设的一个官职。这个"礼部侍郎"设在哪呢？笔者认为是设在了敌烈麻都司，因为这样才有利于韩知古在"总知汉儿司事"的同时"兼主诸国礼仪"。

韩知古没有辜负辽太祖的信任，快速地完成了制定礼仪的任务。《辽史·列传·韩知古传》：

> 时仪法疏阔，知古援据故典，参酌国俗，与汉仪杂就之，使国人易知而行。

因此功劳，韩知古"顷之，拜左仆射"（相当于左丞相）。不久，又因"与康默记将汉军征渤海有功，迁中书令"。这个时候他还应兼着敌烈麻都司"礼部侍郎"一职，因为新制定的礼仪不可能三朝五日即可掌握，人员培训、程序演习，都需要韩知古去亲力亲为，别人无法替代。所以，不管韩知古任总知汉儿司事时，还是升为左仆射、中书令时，他都兼着敌烈麻都司"礼部侍郎"一职。这也造就了这面奇特的"中书令兼礼部侍郎"（相当于现在国务总

内蒙古巴林左旗韩知古之子韩匡嗣墓中壁画（临摹）

理兼外交部副部长）职官牌的出现。

综上所述，可以肯定这面"中书令兼礼部侍郎"职官牌，就是辽太祖二十一佐命功臣之一的韩知古，在天显元年（926）三月癸未因"与康默记将汉军征渤海有功，迁中书令"时所获之职官牌。

此牌珍贵之处就在于它和辽代汉族大功臣连在了一起，以实物鉴证了韩知古的功绩，补充了《辽史》关于韩知古曾任太祖时敌烈麻都司"礼部侍郎"一职的缺失。它的考古价值、历史价值在辽代符牌中都应是首屈一指的。

契丹文"中书令"鎏金银铜符牌考

这三面契丹文铜牌，其形制、纹饰、文字，均与笔者收藏的契丹文铜鎏金牌、银牌一模一样。三面不同材质、不同形制的牌子告诉人们：它们是同一时期在同一作坊、用同一模具铸造的。

三牌的形制数据分别如下：

铜鎏金牌，通高106.68毫米，上肩宽58.75毫米，束腰宽50.33毫米，下肩宽58.75毫米，厚4.71毫米，系孔径7毫米，重116.6克；

银牌，通高105.87毫米，上肩宽57.91毫米，束腰宽48.73毫米，下肩宽57.91毫米，厚4.5毫米，系孔径7毫米，重144.6克；

铜牌，通高110毫米，上肩宽60毫米，束腰宽48毫米，下肩宽60毫米，厚4毫米，系孔径7毫米，重110克。

三牌呈银锭形，只是顶和底中部稍尖，末呈弧形，上下肩宽近乎相等，中束腰。顶尖部下有径7毫米左右的穿孔供穿系。面背边均有高0.3毫米，宽1毫米左右的缘。面阳铸三个契丹小字，汉译为"中书令"三字。背缘内左右各有一条正在游走的龙，此种双龙在契丹符牌中已多次见到，相信它是契丹常用的符牌纹饰之一。双龙之间阳镌五个契丹小

契丹文"中书令郡王府内勤"金牌

字，汉意为"郡王府内勤"。

从译文知道，这是一种出入郡王兼中书令府第的符牌，持牌人的职务是内勤人员。牌分金银铜三材铸造，可能是根据持牌人在府中进行工作的范围和地点的重要性、涉密性及持牌人本人在府中的地位、职务的不同情况铸造和颁发的。

郡王是次于亲王、一字王的封爵，是宗室子弟在出世第一阶段可获的封爵。有战功的汉人、契丹人也可获此爵位。按所封地域，契丹郡王名号约有近二十种，其中较常见的有混同郡王、漆水郡王、兰陵郡王、柳城郡王、辽西郡王、广陵郡王、饶乐郡王、永清郡王、安定郡王、广平郡王、中山郡王、乐安郡王、长沙郡王、东平郡王、三韩郡王等。

郡王中以皇子所封的郡王最为尊贵，也只有他们的府第才能有权有财为属下铸造不同材质的通行凭证牌。除了郡王的头衔外，牌面的中书令官职也多少透露了此牌铸主地位的尊贵和崇高。

中书令是处理国家政务的中书省的最高长官。辽官职承袭唐制，辽太祖时曾任命韩知古"总汉儿司事"，总管汉人事务，依唐制加号中书令。辽世宗时，建"政事省"，主管汉人事务。辽兴宗时，又改政事省为中书省。南枢密院是总理汉人军政的最高官衙。中书省只是管理汉人官民的一般行政事务，设同中书门下平章事、参知政事等，为正、副宰相。辽代一些加号尚书、中书、门下的官称，多只是附加的尊称或

契丹文"中书令郡王府内勤"银牌

契丹文"中书令郡王府内勤"铜牌

封赠的虚衔。并不预政事，成为亲王、使相的兼官，无职事。

牌上的中书令，是否是加衔或虚衔，虽然不得而知，但结合其铸主封爵为郡王来看，其所加的中书令应不完全是虚衔，他所担任的实职一定是使相一级的有实权的官员，府第随从人员能使用金银铜三种材质符牌，说明他的权势亦非同一般。

这种契丹文"'中书令''郡王府内勤'"鎏金银铜符牌的发现，说明契丹符牌使用范围远比人们想象的要广泛，国家有各种符牌，民间也盛行符牌，公家铸有各式符牌，有钱有势的个人也允许铸造使用自己的符牌。这种私人官第符牌的珍贵之处就在于它们是确实存在的中国首次发现的私人官第符牌。可补辽代符牌制度的缺漏。

契丹文"北枢密院兵马都监楚国王"金牌考

笔者藏有一面横楣阳铸汉文"大辽国"的纯金牌，中竖阳铸契丹文三字，左右各竖阴刻契丹文四字，牌背竖阴刻六个契丹文。经我们借助契丹语言文字学家们的研究成果，初步将此牌阳铸和阴刻的契丹小字汉译，汉意为："北枢密院（右阴刻）兵马都监（左阴刻）楚国王（中阳铸）。"背："上京大安元年。"

金牌上罩树枝纹云纹组成的伞盖形牌头，下联长方形牌体。牌头上方中间有一穿孔，供主人系挂，牌体分上下两部分，上1/4为横栏，在约4毫米宽的围栏内，从右至左镌铸了三个拙朴雄浑的隶楷相间的汉字："大辽国。"下3/4边栏内等分为三个竖栏。中间竖栏边框内阳铸契丹文"楚国王"三字。右竖栏内阴刻契丹文"北枢密院"四字，左竖栏内阴刻契丹文"兵马都监"四字。牌背正中阴刻"上京大安元年"六字。

牌通高78毫米，底宽35.81毫米，厚3.65毫米，重86.3克。含金量90%。牌上包浆深沉老道，温润自然，色泽标准，金质细腻。为一眼开门之金质符牌。

契丹文"北枢密院兵马都监楚国王"金牌正面

牌面上有一机构名"北枢密院"，有一官职名"兵马都监"，有一封爵名"楚国王"，此三名说明此牌主人是一位封爵为大国"楚国王"的人，在北面朝官重要机构"北枢密院"中担任"兵马都监"一职，授牌时间在辽道宗大安元年（1085年），授牌地点为辽上京。要想考释出牌的主人和牌后的故事，弄清牌上三名：机构名、官职名、封爵名是首先要做的基础工作，然后再考察出在辽道宗大安元年（1085），谁被任命为此职务。考释就算完成了一半。

"北枢密院"是掌契丹"兵机、武铨、群牧之政，凡契丹军马皆属焉"的机构，与南面官制的兵部职责相同，这里应是北枢密使的代称。"兵马都监"，官名，此处权责当与监军相同。与下面路、军招讨使司、节度使司、详稳司的"兵马都监"掌部署约束营伍的职责不尽相同。它应是天下兵马大元帅府大详稳司最重要的官员之一。否则不会用一封爵为大国之王的人来担任。"楚国王"是辽代封国制度中大国爵号之一，属皇室宗亲和于国有特大功勋者始能受封赠的亲王爵号。

文字诠释容易，可想在史料中找出辽道宗大安元年（1085），谁被任命为"北枢密院""兵马都监"这一职务的人却很难。因为《辽史》过于简陋，缺失的史实太多了。不仅封爵人很大部分漏记误记，担任各种重要职务的人也

契丹文"北枢密院兵马都监楚国王"金牌背面

往往错讹缺失。大安元年任"兵马都监"、"楚国王"的人，在所有史料中都未见踪迹，只好查找大安元年前后在"北枢密院"任职的皇室宗亲。结果，查到了横帐季父房、著名大将军耶律奴瓜之孙耶律颇的（《辽史·道宗纪四》记为"耶律颇德"）"大康年任北枢密使，大安中致仕，卒。"经核对，此耶律颇的即是契丹文"北枢密院兵马都监楚国王"金牌的主人。

耶律颇的，字撒版，季父房奴瓜之孙。孤介寡合。重熙初，补牌印郎君。清宁初，稍迁知易州。去官，部民请留，许之。咸雍八年，改彰国军节度使。上猎大牢古山，颇的谒于行宫。帝

问边事，对曰："自应州南境至天池，皆我耕牧之地。清宁间，边将不谨，为宋所侵，烽喉内移，似非所宜。"道宗然之。拜北面林牙。后遣人使宋，得其侵地，命颇的往定疆界。还，拜南院宣徽使。大康四年，迁忠顺军节度使，（大康六年三月庚寅），寻为南院大王，改同知南京留守事，（大康八年二月壬申）召拜南府宰相（兼知北院枢密使），赐贞良功臣，封吴国公（王），（六月丁巳）为北院枢密使。廉谨奉公，知无不为。（大安元年进封楚国王，任北院枢密使、兵马都监，赐金牌），大安中（四年六月庚寅）致仕，卒。（《辽史·列传第十六》，括弧内为《辽史·道宗纪》及其他史料用以补充传之不足的内容）

遗憾的是以上史料虽大致勾勒出金牌主人耶律颇的的生平，但连他的生卒年都没释出，难免让笔者惆怅。

归纳一下我们知道，金牌主人大约生于辽圣宗太平初年，作为宗室子弟很早就入朝为官，仕圣宗、兴宗、道宗三朝，出将入相近六十年，致仕（退休）时已近耄耋之年，不久就故去了，真正做到了为国呕心沥血，鞠躬尽瘁，死而后已。

耶律颇的获得此金牌时已八旬有余，这枚金牌应是辽道宗对耶律颇的一生忠贞、廉洁耿介、功勋卓著的表彰，不是普通的职名牌，而是一面辽道宗亲颁的奖功牌。

面四神背"赐与军节度使耶律奴瓜"金钱

契丹文"契丹许国王"背"奉御都监"金腰牌考

隋唐时期，朝廷发给官员一种类似身份证的"鱼符"，它是用木头或者金属精制而成的。其形状像鱼，分左右两片，上凿小孔，以便系佩。上面刻有官员的姓名、任职衙门及官居品级等。当时，凡亲王和三品以上官员所用的"鱼符"均以黄金铸制，显示其品位身份之高；五品以上官员的"鱼符"为银质；六品以下的官员的"鱼符"则为铜质。五品以上的官员，还备有存放"鱼符"的专用袋子，称为"鱼袋"。

"鱼符"的主要用途是证明官员的身份，于应召出入宫门时使用。史载：

附身鱼符者，以明贵贱，应召命。

（《新唐书·车服志》）

契丹承唐制，也制作有"鱼符"，只不过此时的"鱼符"专用以调兵。《辽史·仪卫志》载：

自大贺氏八部用兵，则合契而动，不过刻木为牌合。太祖受命，易以金

唐代鱼符

鱼。金鱼符七枚，黄金铸，长六寸，各有字号，每鱼左右判合之。

而官员所用"身份证"则改为一个部门一个样式，据笔者所见即有圆形、方形、长方形、桃形、龟形、"心"形和附有龙、凤、狮、虎、羊、鹰等不同装饰物的牌子数十种。

契丹符牌与唐制的不同之处，是牌上很少见持牌人姓名，只有任职衙门及官职名称和封爵称号。铸制亦根据牌主的官职品级封爵称号假以金、银、铜不同材质铸造。牌形趋于扁平状，上面刻有持牌人的封爵名（代人名）、职务、履历以及所在的衙门，它与现代意义上的卡片式身份证已经非常接近了。符牌不但官员们悬之，"凡在军事要地、政府机构、内府出入者，无论贵贱皆悬牌，以避嫌疑"。由此可知，辽代身份

证的用途已经不局限于官员们，已开始向和各部门常打交道的中下阶层商贾百姓颁发了。

笔者藏品中有一面形制与一种西夏文挂钱形腰牌相近、只是没有穿孔的金质契丹文腰牌，黄金铸造，含金量90%。它的发现再一次证实辽代符牌制度与唐、西夏符牌制度大体相同，而在形制上有更多的创新。

此牌由上小下大一环一圆牌组成，上环直径约等于下圆牌直径的一半，环牌间有近5毫米短颈相连，颈左右各镂雕一条短身巨口翘尾的饕餮龙作为装饰。镂空饕餮龙纹饰上有8枚乳钉，笔者臆测其为某种星象的图形。牌通高60.39毫米，上环内径19.27毫米，下圆牌直径38.11毫米，厚3.98毫米，重91.8克。

圆牌正面阳铸五个契丹小字，其排

西夏挂钱式腰牌

西夏文花钱

列方式较为新颖奇特，即中心一字汉译"国"，其余四字按北西南东四方围着"国"字，经翻译确认此四字为"契"（上北），"王"（右西），"丹"（下南），"许"（左东）。字文如按当时写字顺序先右后左先上后下的方法释读，文意无法贯通。经多次琢磨，感到按"上（契）下（丹）左（许）中（国）右（王）"或"上（契）下（丹）中（国）左（许）右（王）"的顺序释读较为合理并符合原意。

牌背阴刻四个契丹小字，按"右上下左上下"汉译，意为"奉御都监"。至此，知金牌主人为"契丹许国王（当时所封王爵号）"或"契丹国许王"，当时他的实际职务为"奉御（奉皇帝特旨任命的）都监（兵马都监，总监军）"。这是

一枚可由牌主人挂佩在腰间的证明其身份的标有其封爵（说明其地位为封国一字王）和现实职务（说明其当时级别为一品大员）的"身份证"。

此牌主人是谁？查《辽史》知其应为有辽一朝仅封过的四位许王之一的耶律仁光（其他三位为耶律寅底石、耶律义先、耶律斡特剌。许王耶律义先、耶律斡特剌都为追赠，封许王时都不可能担任奉御都监，故无资格领佩许王奉御都监金牌），牌上牌主履历亦与耶律仁先经历大致相同。

《辽史·耶律仁先传》记其事迹曰：

耶律仁先，字纠邻，小字查剌，孟父房之后，父瑰引，南府宰相，封燕王。仁先魁伟爽秀，有智略。重熙三年，补护卫。帝与论政，才之。仁先以

不世遇，言无所隐。授宿直将军，累迁殿前副点检，改鹤剌唐古部节度使，俄召为北面林牙。

十一年，升北院枢密副使。时宋请增岁币银绢以偿十县地产，仁先与刘六符使宋，仍议书"贡"。宋难之。仁先曰："曩者石晋报德本朝，割地以献，周人攘而取之，是非厉害，灼然可见。"宋无辞以对。乃定议增银绢十万两、匹，仍称"贡"。既还，同知南京留守事。

十三年，伐夏，留仁先镇边。未几，召为契丹行宫都部署，奏复王子班郎君及诸宫杂役。十六年，迁北院大王，奏今两院户口殷庶，乞免他部助役，从之。十八年，再举伐夏，仁先与皇太弟重元为前锋。萧惠失利于河南，帝犹欲进兵，仁先力谏，乃止。后知北院枢密使，迁东京留守。女真持险，侵掠不止，仁先乞开山通道以控制之，边民安乐。封吴王。清宁初，为南院枢密使。以耶律化哥谱，出为南京兵马副元帅，守太尉，更王隋。六年，复为北院大王，民欢迎数百里，如见父兄。时北、南院枢密官涅鲁古、萧胡睹等忌之，请以仁先为西北路招讨使。耶律乙辛奏曰："仁先旧臣，德冠一时，不宜补外。"复拜南院枢密使，更王许。

九年七月，上猎太子山，耶律良奏重元谋逆，帝召仁先语之。仁先曰："此曹凶狠，臣固疑之久矣。"帝趣仁先捕之。仁先出，且曰："陛下宜谨为

之备！"未及介马，重元犯帷宫。帝欲幸北、南院，仁先曰："陛下若舍扈从而行，贼必蹑其后；且南、北大王心未可知。"仁先子挞不也曰："圣意岂可违乎？"仁先怒，击其首。帝悟，悉委仁先以讨贼事。乃环车为营，拆行马，作兵仗，率官属近侍三十余骑阵柢枢外。及交战，贼众多降。涅鲁古中矢堕马，擒之，重元被伤而退。仁先以五院部萧塔剌所居最近，亟召之，分遣人集诸军。黎明，重元率奚人二千犯行宫，萧塔剌兵适至。仁先料贼势不能久，俟其气沮攻之。乃背营而阵，乘便奋击，贼众奔溃，追杀二十余里，重元与数骑遁去。帝执仁先手曰："平乱皆卿之功也。"加尚父，进封宋王，为北院枢密使，亲制文以褒之，诏画《滦河战图》

契丹文"契丹许国王"背"奉御都监"金腰牌正面

以旌其功。

咸雍元年，加于越，改封辽王，与耶律乙辛共知北院枢密事。乙辛恃宠不法，仁先抑之，由是见忌，出为南京留守，改王晋。临孤愊，禁奸慝，宋闻风震服。

议者以为自于越休哥之后，惟仁先一人而已。阻卜塔里干叛命，仁先为西北路招讨使，赐鹰纽印及剑。上谕曰："卿去朝廷远，每俟奏行，恐失机会，可便宜从事。"仁先严斥候，扼敌冲，怀柔服从，庶事整饬。塔里干复来寇，仁先逆击，追杀八十余里。大军继至，又败之。别部把里斯、秃没等来救，见其屡挫，不敢战而降。北边遂安。八年卒，年六十，遗命家人薄葬。

《耶律仁先传》揭示了他于清宁六年被封为"许王"的史实，但未言及其担任"奉御都监"的事情，给我们留下了一个需要继续破解的谜。破解此谜，按说只要有史料查查就可以了。可是关于耶律仁先的史料虽不少，偏偏却没有关于其是否担任过"奉御都监"的记载。这是为什么呢？笔者觉得谜底在"奉御都监"四字之中，揭开"奉御都监"暗藏的玄机，也就能解开耶律仁先是否担任过"奉御都监"这个历史之谜了。

"都监"、"兵马都监"，始于唐代宦官担任的受皇帝之命监督领兵军帅行动的监军。辽承唐制，在军中也设有监军职能的"都监"、"兵马都监"。任命"都监"、"兵马都监"是北枢密

契丹文"契丹许国王"背"奉御都监"金腰牌背面

院的正常职能，顶多需皇帝敕命颁布，很少有都监直接由皇帝任命，如今耶律仁先担任的这个"都监"，不仅是皇帝当面任命，而且在其"身份证"金牌上特殊注明这个"都监"是肩负特殊使命的"奉御都监"，也是临时性的权宜"都监"。一切都说明耶律仁先担任的这个"都监"，是个在特殊时间特殊情况下，由皇帝特殊任命的肩负特殊使命的，特殊的"奉御都监"。

清宁六年耶律仁先受封"许王"后，朝廷究竟发生了什么特殊事件，让南院枢密使临时改作"奉御都监"？

原来，在清宁九年七月戊午，辽道宗秋猎太子山时，发生了一次企图夺取辽道宗皇位的军事政变：

皇太叔重元与其子楚国王涅鲁古及

陈国王陈六、同知北院枢密使事萧胡睹、卫王贴不、林牙涅剌搏古、统军使萧迭里得、驸马都尉参及弟术者、图骨、旗鼓挞剌详稳耶律郭九、文班太保奚叔、内藏提点乌骨、护卫左太保敌不古、按答、副宫使韩家奴、宝神奴等凡四百人，诱胁弩手军犯行宫。(《辽史·道宗纪》)

史称"重元之乱"或"滦河之乱"。

《辽史·耶律仁先传》中，对仁先在平叛中的重大功绩已有详尽记叙，这里不再重复。但其中有个和本文考释的"契丹国许王奉御都监"金牌极有关

的细节必须指出：此时任南院枢密使的许王耶律仁先是没有军权的，所谓"南衙不主兵"。那凭什么"帝趣仁先捕之"、"悉委仁先以讨贼事"、"亟召之，分遣人集诸军"？笔者妄测，凭的就是"契丹国许王奉御都监"金牌。"奉御都监"的军事最高职务使他能召调诸军，指挥若定，挫败军事政变。

通过以上分析，我们可以确认此面"契丹国许王奉御都监"金牌，确系辽国名将耶律仁先在清宁九年七月十七日重元叛乱前夕"帝召仁先语之"时，临危受

耶律仁先子耶律庆嗣墓志铭盖

命的信物和身份证明，是授予他对叛者捕之，召集调动诸军平叛的奉御敕令。

因为这个"奉御都监"是临时奉御的权宜措施，所以叛乱平定后，论功行赏，耶律仁先晋封宋王，按例收回许王金牌，"奉御都监"的职务也就自消自灭了。更因为是临时职务，因此《辽史·道宗纪》不宜记载此事，《耶律仁先传》也不能记载此事。如果没有这面"契丹国许王奉御都监"金牌的现世，耶律仁先任过"奉御都监"的史实，恐怕早就湮灭在历史尘埃之中了。

辽契丹文防御使职官牌考

契丹文符牌的性质，概括起来类似于"身份证明"或"工作凭证"，即类似现代社会的"身份证"、"公务员证"、"军官证"。

契丹符牌脱胎于唐代的虎、兔、龟、鱼等立体动物形符，是契丹人根据本民族马上生活特点而创造的，仍具符的性质，但改立体形状为板片形，产生的时间应在辽太祖建国初期。符牌一经问世，立即以轻便易携、便于保密、可贮存大量信息的优势取代了立体动物形符。契丹周围国家纷纷效仿，废立体动物形符，造板片形符牌。

这段符牌进化史，照理讲老百姓可能不知道，但历史学家、考古学家、文物鉴赏家不应该不知道。笔者认为，在2010年上海世博会上有个场景细节是一个错误。2010年6月29日，中新网《华文报摘》转载了《大公报》一篇题为《古代"身份证"：曾是特权象征，老百姓无资格佩戴》的文章，讲述了世博会中国馆动漫版《清明上河图》里有一个细节：两名卫士在一条路口执勤，一位骑马的官员从身上摸出一只金属小物件，

唐代鱼袋

于是顺利通过。这个金属小物件叫"鱼袋"，里面装的是"鱼符"。"鱼符"者，即符号、标记，它就是宋代官员的"身份证"了。

鱼符也是符牌的一种，系用木头或金属精制而成，其形为鱼，分左右两片，里面刻有官员姓名、任职衙门、官职品位等内容。当时凡王侯和三品以上的高官所持鱼符，用黄金制作，以显示品位身份之高贵；次之为银质；低级官员则为铜质了。

这个场面如果发生在唐朝就对了，可画上说发生在宋朝，这就有待商榷了。宋朝是不用鱼符的，尽管保留了鱼袋作为饰佩，可没有鱼符的鱼袋是和"符"扯不上关系的，它仅是"佩囊"。古代官员凭鱼符作为身份的凭证，《新唐书》中云：

符身鱼符者，以明贵贱，应召命。

鱼符实际上是古代虎符的变形。唐高祖时，因避其祖父李虎之讳，故改为鱼符。其制分为三等，以质料为别，贵者用金，次则用银，再次用铜。一般制成鲤鱼之形。唐时鲤字通李，隐"李"家王朝之意，故用此形。制作时多将其剖分为两半，外刻鱼纹，内刻文字，上端刻一"同"字，下端刻有姓名；侧面则刻"合同"二半字。由于每对鱼符的文字位置高低、大小、字体各不相同，故可避免私自仿造；只有两物原配，才能做到完全合符。在鱼符的顶端还钻有一个小孔，以备系佩。凡有鱼符者，俱给鱼袋，使用时系佩于腰间，内盛鱼符。鱼袋之外也用金、银为装饰。以金

武则天时龟符

为饰并盛放金质鱼符的鱼袋，被称为"金鱼袋"，省称"金鱼"；以银为饰并盛放银质鱼符的鱼袋，则被称为"银鱼袋"，省称"银鱼"。武则天时曾废鱼符改行龟符。

宋代废除鱼符改行符牌，但仍用鱼袋。因袋中没有鱼符，故将鱼形饰在袋外，通常系挂在身后。凡有资格穿着紫、绯色公服的官吏，才可佩挂金、银鱼袋。这在《宋史·舆服志》中有所记载。如果官职低卑，而又有特殊情况（如出使外国等）需要佩挂鱼袋时，则必须借用紫、绯之服，时称"借紫"、"借绯"。在宋代，凡能穿紫、穿绯并佩鱼袋，是一种极高的荣誉，获此殊荣者在填写个人职衔时，必须特别加以申明。

辽代改鱼符为调兵符证，另铸符牌"以明贵贱"。契丹符牌也循唐符之制，三品以上及亲王用金牌，六品以上用银牌，六品以下用铜牌。

契丹人创建的符牌制度对后世影响极大，与辽并立及以后的朝代——宋、金、西夏、元、明、清六朝基本都是按辽代的符牌制度建立本朝的符牌制度的。

辽的符牌多用契丹文字铭刻，汉字者较少。其中的"职官牌"为最大一类，即"古代官员的身份证"。

这面狮子滚绣球图背阴刻契丹文"防御使"金符牌，就是辽代"职官牌"中的代表。

该牌高110毫米，宽55毫米，厚2.3毫米，重45克。上端呈角形，底为方形。

狮子滚绣球图背阴刻契丹文"防御使"金符牌正面

边框内横铸一狮子滚绣球图。狮子体态灵活轻盈，形象自然生动，蓬头大耳，巨目环睛，长鬃飘逸流畅，娇憨可爱，逗人喜欢，是意象化的艺术形象，与自然形态的狮子大不相同。狮子是权势的象征，辽代武将物饰常见狮子形象。

牌背平夷阴刻契丹文"防御使"三字。"防御使"是辽朝设在中等州府的军政一体机构防御使司的长官。是掌防捍不虞、御制盗贼和知府职责的地方官员，属北面官系统的从四品官员。按使用符牌制度规定，"防御使"应是使用银牌的。可这位"防御使"使用的却是金质之牌，这岂不是违制吗？

《新唐书·车服志》说：

凡亲王和三品以上的高官所持鱼符，用黄金制；四至六品银质；六品以下为铜质。

看到这些资料，心中顿时豁亮了——"防御使"虽官位四品，可如果皇子任此职，那使用金牌就顺理成章了。

一查《辽史》，果不其然，上面记了许多皇子任职"防御使"的史实。《辽史·圣宗纪七》就记载了开泰七年（1018）五月，圣宗封三个皇子为"防御使"的史实：

宗奕曹州防御使，宗显、宗肃皆防御使。

至此，这面狮子滚绣球图背阴刻契丹文"防御使"金符牌的谜底全部揭开，为全面了解辽宋金元的符牌制度又增添了一份可靠资料。

狮子滚绣球图背阴刻契丹文"防御使"金符牌背面

契丹文"中京防御使印牌"印牌考

印牌对普通藏友来说可能感到陌生，但如果您收藏研究符牌，就会对印牌的珍贵有所了解。

大家知道，古代做官要有官印，可除了官印作为凭证以外，印牌也是重要的凭据。《辽史·仪卫志三·符印》中关于印的记载过于简陋，使人无从了解辽代印制情况。幸好有辽代官印实物和印牌出土，多少弥补了辽代符印研究的一些空白。

印是一种作为凭证的信物，根据宋

《续资治通鉴长编》卷十九记载：

中书令习元吉盗印矫发近臣书于两浙邸院，取绢百七十四。

这说明正是由于习元吉盗取了官印，才能号令得动地方政府。可见其作用之重要。也正因为如此，伪刻官印的事情也一直存在。《资治通鉴》同样记载，宋初的方捷军中有人伪刻侍卫司印，此印不久被发现伪造，为了管理好官印，宋政府就设置了专门管理印的机构。辽代也和唐、宋一样设置有专门管

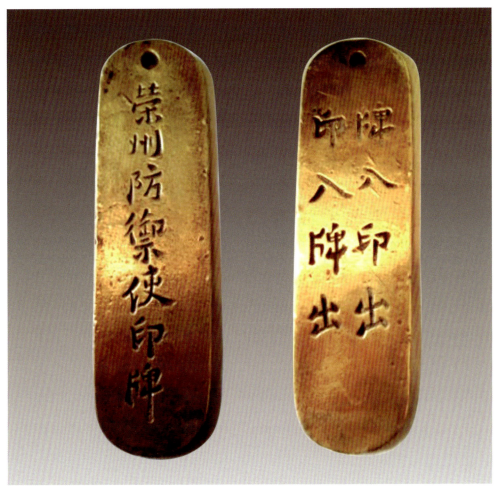

宋"荣州防御使印牌"

理官印的牌印局（后改"符宝司"），有符宝郎、牌印郎君等职官。

宋朝印牌归少府监负责监铸，下达铸造任务的是工部，少府监铸造好后交礼部，即是"印记则关礼部"。礼部负责印牌日常管理。《宋史·职官志》记载礼部的职责有"出入内外牌印之事"，即有专门管理牌印的地方。印授给了某地方的行政长官，要把牌放在原来放印的地方，印收回后，把牌拿出来，印牌上所铸的"牌入印出，印入牌出"即是此意。这个是宋之印牌的管理制度。

辽符印制度与宋大体相同，但因辽实行一国两制的政治制度，所以它有南、北两套印牌管理机构。北面官是由宣徽院下达任务，诸坊铸造，造好后交与敌烈麻都，负责日常管理印牌；南面官是工部管铸造，礼部掌管理。

宋、辽的官印文字都使用特有的阳文九叠篆，文字风格一致，给仿冒者带

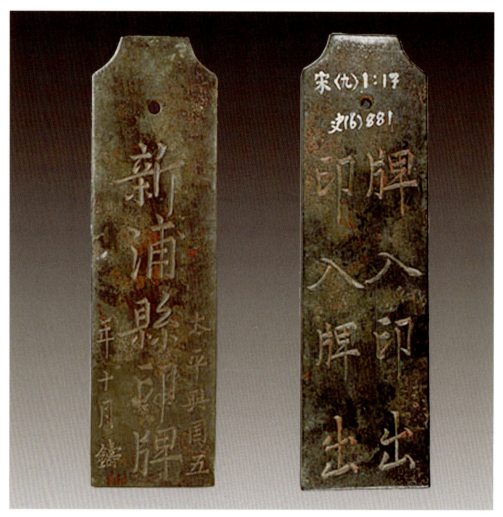

宋"新浦县印牌"

来不便，同时也有利于假印的鉴别。

　　辽代地方军政长官的任命权归中央，中央要控制地方任命权，首先要控制地方政府的大印，印是权力的代表，而印又不是固定的某人用某印，所以，印与人的结合才能使中央的权力真正得到实现。地方官员丢了印，不仅丢了前途，还可能丢脑袋。保管好印，就是保管好前途与脑袋。

　　辽代汉文印和印牌，相对契丹文印和印牌出土较多。汉文印牌经历了两个阶段：前期印牌和官印没有具体规定的铭文，应是契丹建国初期使用；后期，牌上刻了牌印管理规定"牌入印出，印入牌出"，应是符印制度建立后使用之物。这里的"防御使"光背印牌和契丹文"中京防御使印牌"背阴刻契丹文"大安元年十月廿日"印牌，应是契丹建国早期使用的印牌。而赤峰出土的无职官名称、只有符印使用保管规定的印牌，应是符印制度建立后使用之物，没有标铸职官名称，说明它是和所有官印都可建立出入制度的新式万能印牌。单就这一点来说，辽的符印制度比同期宋的符印制度有所创新。

契丹文"中京防御使印牌"背阴刻契丹文"大安元年十月廿日"印牌，

高123.9毫米，宽28.35毫米，厚4.07毫米，重131.5克。银质，含银量98%。正面四周有宽1.5毫米凸起之边廓。正面阳铸契丹小字七字，汉译意为"中京防御使印牌"，背阴刻八个契丹小字，汉译意为"大安元年十月廿日"。

中京大定府，辽五京之一，遗址在今内蒙古宁城四大明城。辽圣宗统和二十五年（1007）正月始建，二十七年

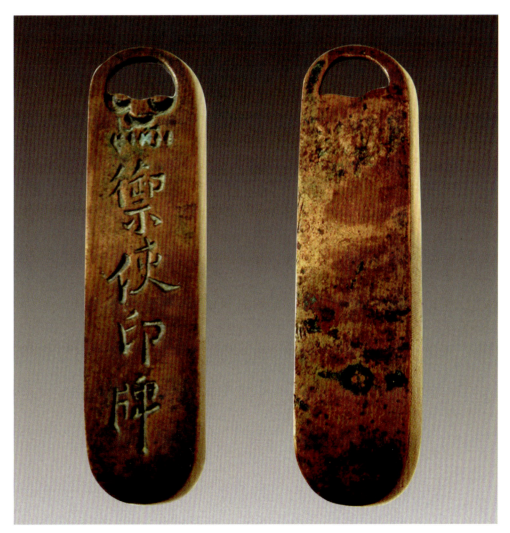

辽"防御使印牌"

辽"中京防御使印牌"背"大安元年十月廿日"银牌

（1009）建完宫室，并设官管理。从辽圣宗起，辽帝经常驻跸中京，成为辽中后期政治、经济、文化中心。防御使为南面官中的武官，掌一州之军事，常以刺史兼任，高于团练使，低于观察使，约为五品官。南面官为汉官，为什么印牌不用汉字而用契丹文？这是一个令人费解的问题。最简单的解释，可能是因为当时番汉官员对契丹文都已熟悉，人人认识，人人会读，作为国家符牌自然用国字铭铸。

背阴刻的契丹文"大安元年十月廿日"，应是此印牌的铸制时间。当时，经过"重元之乱"打击的道宗，已厌烦政事，沉溺于佛教之中而不能自拔，逐渐荒疏朝政，各项制度亦荒废。此时铸造的印牌上不见"牌入印出，印入牌出"八字，说明此时的牌印管理制度已有所松弛。

此面契丹文印牌是已知目前传世的唯一一面契丹文印牌，是研究契丹官制的物证，其文物价值、考古价值、历史价值都值得发掘。虽然与其相配的防御使官印尚未面世，但也弥足珍贵了。

契丹文"监军寨统领司"背"大康元年乙卯年夏封功臣"金牌考

这是一面契丹皇帝颁发的任命"监军寨统领司"主官的御赐职官牌，与赐封"某某某大将军"、"某某王"加官进爵牌不完全相同，它不仅是"明贵贱"的凭证，更是任实职高官的"任命书"和赴任的官方文件。

牌子用含金量达90％的纯金制成，说明"监军寨统领司"主官的品级是三品或三品以上。因为按辽符牌制度规定，职司或个人三品以上才可颁用金牌。牌紫红锈，色彩斑斓，包浆温润深沉，形制古朴雄浑，设计简洁端庄，纹饰工艺粗犷豪放，确为一眼开门之辽代符牌真品。牌通高105.83毫米，宽68.62毫米，厚3.71毫米，穿孔径11毫米，重248.2克。

牌子为长方形，分牌头和牌体两部分。牌头呈梯形，外缘作对称的波浪状，中部圆穿为重廓状，即由两重圆环

契丹文"监军寨统领司"背"大康元年乙卯年夏封功臣"金牌正面

状穿廓形成。穿廓两侧为对称的祥云纹，牌底两角装饰对称的两组元宝纹，牌体呈对称六面状。这种多处对称的设计体现了儒家平衡和谐的理念，是中庸之道的具体体现，说明儒家思想此时已成为契丹社会的主导思想。

牌两面均阳铸契丹文。牌面字分两行六字，按右上至下再左上至下的次序译读，汉意为"监军寨统领司"。"监军寨"是地名，位于今北京市顺义区北部牛栏山镇，其南的潮白河（当时称拒马河）是辽与北宋之界河。"监军寨"是扼守北京的重要关口之一，乃历代兵家必争之地。

辽圣宗统和十二年（994），为加强燕京的拱卫力量，在牛栏山设立了一个"牛栏都统领司"，下辖"监军寨统领司"、"石门统领司"，成互为犄角之布防，以重兵扼守此要地。"都统领司"属北面边防军建制，隶属南京都元帅府，相当于前敌司令部。设都统领一员，正二品，副都统若干，从二品或正三品。"统领司"相当于军司令部，设统领一人，正三品，副统领若干，从三品或正四品。

牌子背面阳铸三行十个契丹字，从右至左汉译，右三字从上至下为"大康初"；中三字从上至下为"封功臣"；左四字从上至下为："乙卯年夏。"全牌文的汉意为："（获此牌人）大康初（年，被）封（为）'功臣'，乙卯年（即大康年）夏，（又被任命为）'监军寨统领司'（统领）。"

查《辽史·道宗纪》，大康初未见有人被封功臣的记载，五、六两月虽见大批人员授官的记载，但未见何人被授予"监军寨统领司（统领）"的蛛丝马迹。可能因为此职官品级过低，史官不屑于记录或史实缺失所致。

虽有未知此牌主人之遗憾，但仍不减此牌珍贵之态势。它作为辽边防军机构主官"任命书"这一独特的符牌品种，既见证了《辽史·百官志》北面边防官设立的史实，也补充了辽代符牌制度疏露之失。作为辽风盎然、精致瑰丽的辽代官造的艺术品，它的价值与一件宋代官窑瓷器相比丝毫不会逊色！

契丹文"监军寨统领司"背"大康元年乙卯年夏封功臣"金牌背面

72

契丹文"监军寨统领司"背"大康元年乙卯年夏封功臣"金牌拓片

契丹文"契丹玄宁军都指挥使司"背"咸雍四年秋"金牌考

这是一面少见的辽契丹文军队指挥机构的"职司牌",是各种不同军队指挥机构的"身份证"之一。它与"职官牌"的区别之处在于,它不以个人的"证职务,明贵贱"为主要内容,而是以驻地、军种名、首脑机构名、颁发时间为主要标示内容,是军队组建序列的凭证,是该军队指挥机构与友军及上级首脑机构联系沟通的"身份证",属军队极端重要的文献之一,重要性不亚于军旗、军印。

这面契丹文职司牌,黄金质,含金量约90%。高127.86毫米,宽74.41毫米,厚4.47毫米,重380.5克。牌为长方形,上边为圆弧形,下边为平直形,上边圆弧正中为圆形穿孔,供系挂穿绳。圆穿面背均有凸起的郭,圆穿两旁各有一对典型的契丹摩羯鱼龙,把穿孔作为宝珠,作二龙戏珠状。面背地均为剔地开光形,用简洁明快的线条勾勒出一方铸造牌文的乐土。此牌工艺采用了铸雕结合的方法,铸造精细,刀法纯熟,特别是开光边刻花的圆润简朴令人印象深刻。

面背牌文均为阳铸契丹小字。面铸两行八个字,字下饰两个对称的飘带

"契丹玄宁军都指挥使司"金牌

状花纹。按自右上至下再从左上至下序读，八个契丹小字汉译为："契丹玄宁军都指挥使司。"背面剔地开光边为捏饺子花边状，这来自生活的独特纹饰使严肃的牌子充满生机，显得活泼灵动，在两侧对称的缠枝花的簇拥下，五个端庄遒劲的契丹字光彩照人。五个契丹字从上至下汉译为："咸雍四年秋。"

正面牌文"契丹玄宁军都指挥使司"，传达了两个重要信息："玄宁军"，这是该军的番号，也是驻军之地，军之辖区。"都指挥使司"，这是该军首脑机构的名称，也是说明该军的规格和级别。查《辽史·地埋志》，

"玄宁军"驻地"庆州"，为上等节度使军，辖一州三县。《地理志》曰：

> 庆州玄宁军，上节度。本太保山黑河之地，岩谷险峻。穆宗建城，号黑河州，每岁来幸，射虎障鹰，军国之事，多委大臣。后遇弑于此。以地苦寒，统和八年，州废。圣宗秋畋，爱其奇秀，建号庆州。辽国五代祖勃突，貌异常，有武略，力敌百人，众推为王。生于勃突山，因以名，没，葬山下。在州二百里。庆云山，本黑岭也。圣宗驻跸，爱美曰："吾万岁后，当葬此。"兴宗遵遗命，建永庆陵。有望仙殿、御容殿。置蕃、汉守陵三千户，并隶大内都总

管司。在州西二十里。有黑山、赤山、太保山、老翁岭、馒头山、兴国湖、辖失泺、黑河。景福元年复置，更隶兴圣宫。统县三。

"都指挥使司"是统领一方兵马军政的军政合一的领导机构。始设于唐，是与节度使级别相类、职责相同的军事建制。辽承唐制，把"都指挥使司"列为管理军队兵马的一级机构，在各兵军种都设建"指挥使司"、"都指挥使司"分别予以领导。"都指挥使司"上级领导机构是元帅府，南枢密院。

都指挥使司设都指挥使1人，正二品，都指挥同知2人，从二品，分别负责处理来往公文及刑狱之事。地方若有重大军务，须并列署名向朝廷汇报。朝廷对"都指挥使司"进行严格监察，每年都进行考选。此外还有仓库、草场

大使、副使等椽属。都司内部的分工大体是：都指挥使及同知、金事，以其中一人统领司事，称为掌印；一人负责练兵，一人负责屯田，称为金书，有的则分管巡捕、军器、漕运、京操、备御等事务。都司下设若干指挥使司。每都辖兵丁约万人，平时屯守，战时奉命攻守。每逢战时，朝廷临时命将，并非都司指挥作战。军都司原本是军事建置，与行政区划无关，但因军都司的长官大多兼州刺史兼理民事，军都司实际变成地方行政区划。因此，军都司实已变为军政合一的机构。

牌背"咸雍四年秋"，是记此"契丹玄宁军都指挥使司"设置的时间。据《辽史》载，这个时间具有特殊的政治意义，它是辽代征兵制改为募兵制的分界点，是募兵制起始的时间。辽朝基本的兵役制度是壮者皆兵的征兵制。辽朝

"契丹玄宁军都指挥使司"金牌拓片

契丹"广虎将军"职官牌

规定，"凡民年十五以上，五十以下隶兵籍"，这适用于辽境内的各族民户。但因连年战争，统治者一味穷兵黩武，加上形形色色的封建剥削，广大农牧民不堪重负，贫困交加，渐趋破产，征兵制趋于崩溃。

辽朝各族人民的兵徭杂役负担极重。如部族军戍边，漫长的行军道路，恶劣的边地环境，加以外族的骚扰，军民往往"只牛单毂，鲜有还者"，以致"日瘠月损，驯至耗竭"。统和早期，漠北尚未置戍时，西北诸部已苦于烦重的兵徭杂役，"大率四丁无一室处，刍

牧之事，仰给妻孥。一遭寇掠，贫穷立至"。漠北置戍后，部民戍边之苦日益严重，"徭役日增，生业日殚"。辽道宗时，汉地人民负担的"驿递、马牛、旗鼓、乡正、厅隶、仓司之役，至破产不能给"。其他如战时的征敛、繁重的赋税，加以户等不实、赋役不均，各级官吏、地方豪强巧取豪夺、残害百姓，无不加剧了人民的贫穷破产。

辽道宗时期，社会经济恶化，贫穷破产的农牧民流离失所，甚至铤而走险。朝廷不得不通过招募补充兵源。清宁四年（1058），"募天德、镇

武、东胜勇捷者，籍为军"；咸雍四年（1068），"诏元帅府募军"。秋天募军完成，七月壬申，在置乌古敌烈部都统军司的同时，应也在庆州设置了"契丹玄宁军都指挥使司"，它们所辖的兵丁均应来自募兵。牌文所写时间无可辩驳地证实了这一点。

这面见证辽募兵制史实的，有明确断代时间，能与史载历史相符的"契丹玄宁军都指挥使司"金牌弥足珍贵。它为辽符牌，特别是辽"职司牌"的研究揭开了新的篇章，为《辽史》的补缺拾遗提供了新的角度和新的线索，它的历史价值、文物价值、研究价值都非同小可。

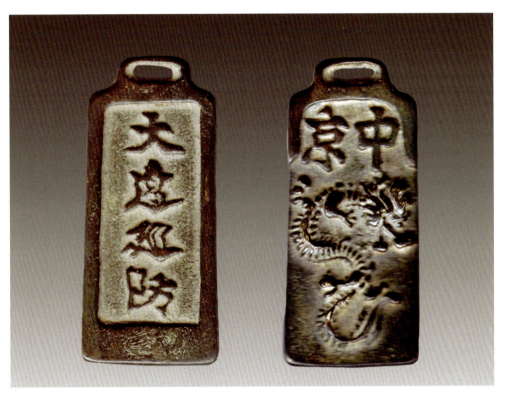

"大辽中京巡防"职官牌

契丹文"太皇太后"金牌考

契丹帝国218年历史中，共存在三位太皇太后，但仅有两位太皇太后存于青史。契丹帝国第一位太皇太后，是天皇帝耶律阿保机的祖母，辽玄祖耶律简献的妻

子萧月里朵。太祖称帝，尊祖母曰"太皇太后"。《辽史》对这位太皇太后记载很少，生卒年都失载，其生平仅在《后妃传》、《太祖纪》中有寥寥数语。

第二位太皇太后，是天皇帝耶律阿保机的生母，辽德祖耶律宣简的妻子萧丛母斤。遥辇汗国宰相萧剔刺之女，生子五人，女一人，耶律阿保机是其长子。天显二年（927）十二月庚辰，被其孙子、嗣圣皇帝耶律德光尊为太皇太后。天显八年（933）十一月辛丑崩。这位太皇太后在太祖七年"诸弟之乱"中曾扮演了一个耐人寻味的角色，给后世留下了千古难解之谜。

第三位太皇太后，是辽道宗的祖母，辽兴宗的生母，辽圣宗的元妃钦爱皇后萧耨斤。清宁元年（1055）九月庚午，被其孙道宗皇帝尊为太皇太后。这位被后人泼了满身脏水的太皇太后，实际是后族大翁帐和小翁帐权力斗争的牺牲品。圣宗死后，小翁帐掌握了契丹朝廷的权柄。大康初，随着宣懿皇后的被诬致死，小翁帐势力受到沉重打击。在

钦爱皇后哀册

这种情况下，清宁三年十二月崩的太皇太后谥号，由钦爱皇后改为钦哀皇后，并被编了许多瞎话肆意贬低，加上宋元汉族文人的口诛笔伐，这位太皇太后似乎成了辽朝的罪人，杀人的魔鬼。

可是，事实并不完全如元代汉人所编《辽史》及黑书《契丹国史》所说那样，兴宗掌权就把国舅们"或抓或流"，实际上五个国舅不但一个没动，毫发无损，而且都升了官，掌握了更大权力。钦爱皇后一系直至辽亡仍执掌国家权柄，太皇太后自己也风风光光地走完了人生路程。契丹文石刻资料的破译，才使人们知道了真实的契丹历史。

这面"太皇太后"金牌，早年于钦爱皇后墓出土，纯金铸造，含金量96%。面背通体錾刻精细蔓草纹，包浆温润细腻。牌长55毫米，宽36.7毫米，厚3.5毫米，重116克。面在花草纹中间开光部分阳镌四个楷书体契丹小字"太皇太后"。书法雍容大度，富丽堂皇。整面牌充盈着皇家目空一切的气势，精致而不失皇家气度，比此前的男性符牌的雄浑粗犷多了些妩媚委婉。

这是契丹族存在一千多年中，唯一的一面给皇帝祖母特造的金牌，也是契丹政权中铸造的唯一一面"太皇太后"金牌，它的精致美丽的倩影，开创了契丹女性符牌的先河。虽然至今再未见到第二面契丹女性人物的符牌，但笔者相信它们是应该存在过的。可能战乱及沧海桑田的巨变使它们湮灭了，这就造成

契丹文"太皇太后"金牌

了"太皇太后"金牌一枝独秀、海内孤珍的局面，使它成为了国宝级的文物。

"太皇太后"特制金牌出现在钦爱皇后陵中，说明道宗时期钦爱皇后娘家的势力仍继续炽盛，"太皇太后"、"皇太后"、"皇后"均稳坐朝中，使相哪个不是出自"仁懿府"？即使宣懿皇后、太子妃相继被杀，钦爱一系受到重创，但仍余势未散，奸臣耶律乙辛一垮，钦爱一系立马反扑过来重新占据朝纲，直至国家灭亡。

谥号"钦爱"一词的选用说明当时臣民对其评价并不坏，正像陵墓哀册所说：

太皇太后，博厚成仪，中和毓德，婉淑慈仁，聪明正直。嫔嫱卑下，示之以谦抑；子孙众多，晶之以温克。对袆褕之纤靡，辄不更衣；处宫室之森严，尝无踰阈。若天之清，若地之贞，若江海之量，若日月之明。（《钦爱皇后哀册》，辽宁省博物馆藏）

文章虽有过誉之处，但它暗含与仁德建宫司、干朝政、越礼制相对举的隐语，说明仁德之废确有不得已之处。这是对当时历史的客观评价。独予钦爱以"太皇太后"金牌正是对她一生及其娘家一系的盖棺论定，即钦爱皇后对辽朝的贡献是应正面肯定的。这即是契丹人眼中的契丹史，真实的契丹史。

契丹文"景宗皇帝手令"背"宜速"金牌考

笔者藏有一面契丹文"景宗皇帝手令"背"宜速"金牌，长78.5毫米，宽48.55毫米，厚2.41毫米，重100克。经检验，含金量在80%左右。第一次把牌上契丹文翻译成汉语时，我们简直沮丧到了极点。译文为"景宗皇帝手令"不合理，令我们心里掀起阵阵疑云，甚至怀疑牌子是臆造的。

景宗是辽天赞皇帝耶律贤死后，由其皇后于统和元年（983）正月壬戌，率百官给其上的"庙号"。耶律贤已经死去了，死人怎么会下达"手令"？更别说"宜速"了。

契丹文"景宗皇帝手令"背"宜速"金牌正面

这个"景宗皇帝手令"是怎么回事？难道是不懂得礼制的工匠臆造的？是现代奸商伪造的假文物？我们把金牌翻来覆去地进行审视，金质细腻，纹饰精美，刻工流畅，文字自然，包浆老道，锈色灿烂，一切是那样的朴实纯真，无丝毫扭捏做作之态；一切是那样的雄浑粗犷，无半点迟滞模仿痕迹。材质成分、包浆、锈色都看不出毛病和破绽。

牌面上缘做对称的波浪形，中间托起一圆环供穿系，约4毫米宽的外缘内，上下是对称的松枝纹，左右是对称的雌雄双龙。此双龙别致有趣，似龙又似凤，龙首双角特征明显，但身子却让人感到莫名其妙。特别是左侧（实为右侧）的雌龙实际上就是一只龙首的凤凰。这可能是工匠和设计者有意而为之，寓意主政的女主也是皇帝。中间阳铸的六个汉意为"景宗皇帝手令"的契丹小字，上下两字笔画较细，而中间"皇帝"两字又粗又大，显得分外突出。牌的背面与牌面布局大体一致，只是左右的双龙改为了双凤，中间阴刻了两个大大的契丹字"宜速"。两个字用刀直接雕刻，笔势刚健遒劲，大开大阖，清爽劲挺，刀工纯熟精准。形制、时代特征、文字形态，都符合契丹当时

契丹文"景宗皇帝手令"背"宜速"金牌背面

风貌。

　　难道契丹当时存有夫亡子幼，妻以夫名掌权的习俗？可查遍契丹风俗史料，不见类似习俗踪影。虽然契丹族传统是"凡事只从妇谋"，妇女有权参与各种社会活动，但允许女人以亡夫名义行使权力的尚不多见。为探查景宗之妻萧绰是否可能以亡夫名义行使天皇帝职权，笔者在有关史料里爬剔多日，终于有所收获。

　　收获之一：作为辽景宗的皇后，萧绰在耶律贤生前就已经以"天赞皇帝"的名义行使皇帝的权力十三年了。耶律贤死后，萧绰以丈夫的"庙号"为名继续行使皇帝权力，臣民钦服，不会有异议。

　　辽景宗耶律贤是辽世宗耶律阮的次子。951年九月四日傍晚，耶律阮在率军

出征后周途中，于归化（今河北宣化）祥古山和两位皇后一起被亲信大臣耶律察割所杀。当时耶律贤只有三岁，幸亏御厨尚食耶律解里反应得快，将他包在毡布中藏进柴草堆，方才逃过一劫。只是虽然逃得性命，却留下了病根，而且久治不愈，即位为帝后，又患上了风疾，身体非常虚弱，连马鞍子都骑不住，更别提处理军政大事了，逐渐开始倚靠皇后萧绰处理政务。

　　萧绰出生于辽穆宗应历三年（953）五月。辽景宗保宁元年（969）三月，十六岁的萧绰进宫，被封为贵妃。仅仅过了两个月，就被正式册封为皇后了。保宁二年（970）五月，萧绰之父萧思温被刺身亡。父亲死了，丈夫病了，年仅十七岁的小皇后正式踏上了执政之路。

　　父亲的死，使萧绰受到了极大的刺激，如此残酷的权力斗争使她的政治阅历迅速地成熟起来。没有了父亲的帮助，却有丈夫的支持，她开始发挥自己

萧绰纪念银币

的才干，协助景宗治理国家。

当时的辽国，国势已日渐衰微。景宗励精图治，想重新振兴大辽，然而他的身体使他力不从心。于是他将希望寄托在了聪慧过人的皇后身上。萧绰开始代替景宗治理国家，推行全面的改革。在景宗的支持下，她得到了尽显才能的机会，也由此得到了群臣由衷的钦佩和忠诚。

保宁四年（972）十二月，十九岁的萧绰在治理国家的同时，为辽景宗生下了长子耶律隆绪。景宗后继有人，对萧绰更是宠爱无比。景宗对萧绰几乎可以算是专宠，在他们十四年的夫妻生活里，萧绰不但几乎全权掌握了景宗朝的军政大事，而且还一共为景宗生下了四子三女共计七个孩子。

随着时间的推移，年轻的皇后萧绰已经被锤炼成一个成熟的政治家，在景宗的默许下，辽国的一切日常政务都由她独立裁决；如果有什么重要的军国大事，她便召集各族大臣共商，最后综合各方意见再做出决定。她所做的决定，景宗最多只是听听通报，表示"知道"了，不会做任何干预。

在萧绰的努力下，辽国对外的军事日渐强盛，对内的政局经济也步入正轨。辽景宗耶律贤对皇后萧绰的才干也已经非常了解，为了对妻子几年来的辛

辽代皇帝金冠

劳表示回报，他将一个皇帝所能给予的最高嘉许给了自己的皇后。

保宁八年（976）二月，辽景宗传谕史官：此后凡记录皇后之言，"亦称'朕'暨'予'"，并"著为定式"。这就是说，景宗将妻子的地位升到与自己等同的程度，并且将此写入史书，使得萧绰实际上成为大辽国的女皇。所以，她能在景宗死后继续以景宗名义行使皇帝权力，无人质疑，无人敢抗命不遵。

收获之二：是了解到萧绰以景宗名义行使皇帝权力是当时形势所迫。景宗死时，萧绰29岁，耶律隆绪12岁。耶律隆绪虽然登基，但以小皇帝名义行使权

力无人听从，以皇太后名义行使权力在崇尚天的国家亦迟滞难行。在情势逼迫下，只好借死了的天赞皇帝名义去行使皇帝权力。

这时的萧绰虽然已经在事实上治理了辽国13年，但是饱读史书的她非常了解辽国此前历次改朝换代的惊险过程，面对自己年仅12岁的长子隆绪，摄政的她首先想到的是主少国疑，宗室亲王势力雄厚，局势易变。这位新寡的太后在顾命大臣耶律斜轸和韩德让面前流着眼泪说："母寡子弱，族属雄强，边防未靖，奈何？"

皇帝对大臣流泪很有作用，而假如是一位女皇，那她的眼泪就更有作用。

辽代皇太后金冠

看见一向沉稳老练的萧绰居然也有孤立无援的小女人模样，几位重臣一时都似乎忘了面前是一位执掌国事十余年的太后，一个个英雄气壮，都上前安慰并发下重誓说："信任臣等，何虑之有！"

萧绰顺利地以景宗名义梳理了景宗去世后的政局：战功赫赫的于越耶律休哥为南京留守，总管南面军事，加强边防；娶了萧绰侄女的耶律斜轸为北院枢密使，管理内政事务尤其是严管贵族；与此同时，采纳南院枢密使韩德让的建议，对宗室亲王颁布命令："诸王归第，不得私相燕会。"分隔开后再各个击破，使他们失去兵权，解决了内部夺位的一大隐忧。

解决了后顾之忧的萧绰，开始以皇太后的身份放手治理国家。虽然这时的辽帝是她的儿子耶律隆绪，但是与她的丈夫辽景宗在位期间一样，萧绰才是真正的最高统治者。多年的历练早已使她对驾驭臣下的帝王之术操控自如。虽然宗室们仍然有些不轨之心，但朝中各族臣工都对这位年轻太后"明达治道，闻善必从，兼习知军政"的才能钦佩得五体投地，萧绰因此而达到治下臣工"多得其死力"的忠心。

收获之三：是明晓了契丹符牌制度的全貌，即除调兵的金鱼符，还存在"如皇帝亲临"的"皇帝圣旨"金、银牌，以及为处理各种紧急情势而临时铸

为供奉萧太后而建的辽宁锦州奉国寺

制的"皇帝圣令"金、银牌。契丹文"景宗皇帝手令"背阴刻契丹文"宜速"金牌，应就是这种特殊情势下特铸的特种"皇帝圣令"金牌。它的用途大概就是对宗室亲王颁布命令："诸王归第，不得私相燕会。"

契丹文"景宗皇帝手令"背阴刻契丹文"宜速"金牌的发现，揭示了景宗去世后辽国面对的内忧外患的危机情势，展现了承天太后运筹帷幄决胜千里的大政治家风度，以及果断处理危难镇定自若的机谋善断的大军事家的丰姿。

契丹文"太祖圣元皇帝御赐吴越国使臣通行令牌"考

这是目前发现的最早的铸有契丹天皇帝庙号"太祖"和谥号"圣元皇帝"的御赐金牌，也是已知存世的契丹符牌中唯一颁发给外国使臣的契丹国通行令牌，对研究契丹帝国早期外交史至关重要，也是五代时期各国间交流的宝贵的实物凭证。

牌子为黄金铸制，含金量不是很高，约73%，其余为银、铜、铁、锌、锰等杂质。铸造质量也不甚精细。牌为长方形，高108.82毫米，宽56.81毫米，厚4.9毫米，重187.7克。上方以简洁的卷云纹作装饰，中托珠形圆穿，便于系挂。牌面边框中左右分饰两条头上尾下的行龙和云朵纹，中间阳铸八个契丹小字；牌背边框中左右分饰两组蔓草纹，中间阳铸九个契丹小字。整个牌子简朴粗犷又不失庄重肃穆之风范。

牌面八个契丹小字，汉译为"太祖圣元皇帝御赐"。"太祖"是庙号，是天皇帝耶律阿保机死后，天显元年（926）九月己巳，由应天皇后主持所谥。"圣元皇帝"是谥号，《辽史》失载，只记载了

天显元年（926）九月己巳，上谥"升天皇帝"。有人考证，"圣元皇帝"谥号是辽圣宗统和二十六年（1008）七月，由承天皇太后和圣宗增谥。笔者认为这是臆断，没有可靠依据。至于其引辽圣宗开泰九年（1020）的《耿延毅墓志铭》曰：

契丹文"太祖圣元皇帝御赐吴越国使臣通行令牌"正面

当李唐末，会我圣元皇帝肇国辽东。

这并不能证明"圣元皇帝"的谥号是辽圣宗统和二十六年七月增谥。《辽史·太祖本记》明载：

统和二十六年七月，进谥大圣大明天皇帝。

从本通行令牌看，阿保机被增谥为"圣元皇帝"的时间，当在天显二年（927）八月丁酉葬太祖于祖陵之时。牌子的内容也证明了这一点。

牌子背面契丹文汉译为"吴越国使臣通行令牌"。牌面的"御赐"说明此牌是皇帝所赐，牌上"太祖"是庙号，说明皇帝已作古，"圣元皇帝"的谥号同样说明皇帝已不在人世。皇帝既然不在人世，又是谁在以他的名义颁赐令牌呢？原来，契丹风俗，皇帝去世，继承人未确定前，他的妻子可以代其称制，以皇帝的名义发号施令。耶律阿保机去世后，他的妻子应天皇后述律平自行称制，这面金牌即肯定是她颁发，因为只有她才具有代皇帝御赐国家符牌的权力和资格。"吴越国使臣"，是指在中国南方由钱氏家族建立的地方政权派到契丹的外交使团。

早在辽太祖九年（915），远在江浙地区立国的吴越国王钱镠便派遣滕彦休跨海来贡。从这个时候起，直到太宗会同六年（943）的29年间，双方之间的使臣往来仅《辽史》所载即多达14次。其中，吴越使辽11次，辽使吴越3次。即：辽太祖"九年（915）冬十月，吴越王钱镠遣滕彦休来贡"；"神册元年（916）六月，吴越王遣滕彦休来贡"；"神册三年（918）二月，晋、吴越……遣使来贡"；神册五年（920）夏五月，"吴越王复遣滕彦休贡犀角、珊瑚，授官以遣"；天赞二年（923）四月，"梁遣使来聘，吴越王遣使来贡"；天显七年（932）二月，"拽剌迪德使吴越还，吴越王遣使从，献宝器。复遣使持币往报之"；会同三年（940）春正月，"吴越王遣使来贡"；九月，"女直及吴越王遣使来"；冬十月，"遣赵郎使吴越，略姑使南唐"；会同四年（941）八月，"吴越王遣使奉蜡丸书"；冬十月，"吴越王遣使来贡"；会同六年（943）三月，"吴越王遣使来贡。戊子，南唐遣使奉蜡丸书"。

契丹文"太祖圣元皇帝御赐吴越国使臣通行令牌"背面

辽朝初年，在中国南方立国的吴、吴越和南唐等国，对中原地区的五代政权都怀有觊觎之心，其基本国策之一就是北向结好契丹，伺机扩张。所以，吴、吴越和南唐等国使臣使辽，都有政治、军事目的，经济目的很少。这些国家使辽的意图，迎合了太祖"一统天下"的政治抱负。所以，契丹朝野对这些来自南方的使臣非常友好，不仅热情接待，馈赠甚厚，而且允许他们深入契丹各地进行考察。为了保护使臣的安全，让他们可以自由行动，辽太祖阿保机生前可能就向各国使臣颁发过类似令牌。这次在吴越国使再次来使之际，称制的应天皇后遵照惯例向他们颁赐了这面具有特殊纪念意义的通行令牌。

吴越国使臣这次使辽的目的很明确，就是吊唁契丹天皇帝耶律阿保机，参加葬礼，并恭贺新皇登基，续结友好关系。这次吴越国使辽，《辽史》未载，新、旧《五代史》等典籍也没有记录。幸亏有这面通行令牌面世，才使我们知道契丹天皇帝葬礼及新皇帝登基大典有来自各国的使臣，热闹而隆重，并不寒酸冷落。

这面牌子的重要性，不但补记了天显年间契丹与吴越国的交往史，纠正了学者对"圣元皇帝"谥号的错误判断，而且从侧面补录了阿保机葬礼与耶律德光登基大典万国使节云集的盛况。它展现了契丹人热情好客的性格及对客人信任开放的做法，并把契丹符牌制度细枝末节都显示得清清楚楚，对深入研究契丹符牌制度提供了可靠佐证。

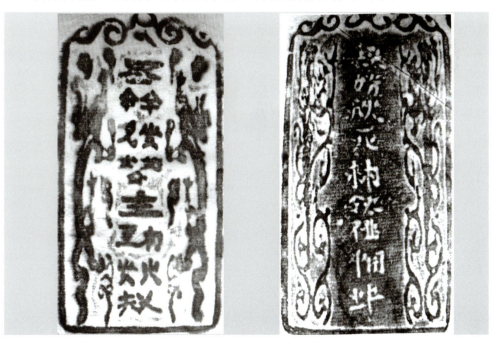

契丹文"太祖圣元皇帝御赐吴越国使臣通行令牌"拓片

一枚漂亮别致的"叶"形金牌

这是一枚小巧别致的契丹"叶"形金牌，长仅9.8毫米，最宽处6.3毫米，厚2.2毫米，重36克。牌作树叶形（或称桃形），面边框内镌铭着一只挺胸昂首傲然而立的"火凤凰"。凤凰是中国古代传说中的百鸟之王，和龙一样为华夏族的民族图腾。

契丹为黄帝族的后裔，故与中原民族一样喜爱崇拜凤凰，并把它作为后族的图腾和象征。在契丹人的祭祀用品、生活用品、民俗用品上，都可以经常看到凤凰的形象。契丹人描绘的凤凰，羽毛一般为火红色，嘴巴较大，有"大嘴凤"之称。凤尾大而壮观，飘逸灵动。

凤凰是祥瑞和女性的象征，品德高洁，非晨露不饮，非嫩竹不食，非千年梧桐不栖。这枚叶形"火凤凰"金牌，应是契丹皇帝颁赐给后宫嫔妃的腰牌，是其身份证明。契丹后宫嫔妃制度，正一品五妃，正二品九嫔，正三品二十七世妇。契丹早期，皇帝一般只有很少的嫔妃，但自辽圣宗开始，嫔妃亦如汉制充斥后宫，所以给后宫嫔妃佩挂品级牌也大约自圣宗始。

牌子背面平夷阴刻四个契丹文字，从上至下汉译意为："大中央辽。"这

叶形凤纹契丹文金牌

个"大中央"与"辽"，是什么意思？是国号吗？"大中央"和"辽"什么关系？和"契丹"又是什么关系？这些问题看似简单，可它们确实是当前契丹文字研究界争议最大的问题之一。

以刘凤翥先生为代表的一些专家，认为这个以前他们译为"哈喇"的字现在应该译作"辽"，和"契丹"同为国号，认为辽代实行双国号，原先释作"大中央哈喇契丹国"，现在又可释作"大中央辽契丹国"。

而以日本专家乌拉熙春为代表的一批学者，认为刘凤翥先生译为"哈喇"和"辽"的契丹字，应译作"胡里只"，汉译"自家的人众"（简称"人众"），不存在双国号的问题。

两位先生都没有解释"大中央"，

不知是这三字太通俗易懂，还是背后有什么难言之隐？笔者虽不晓得个中奥妙，但觉得还是先弄清"大中央"这个前提才能更好地理解后面这个词。笔者愚钝，认为"中央"者，即中心，中间之地也。韩非子说：

事在四方，要在中央。（《韩非子·扬权》）

《诗·秦风·蒹葭》：

溯游从之，宛在水中央。

《荀子·大略》：

欲近四房，莫如中央。

《汉书·李寻传》：

震或于其国，国君之咎也。四方中央连国历州俱动者，其异最大。

契丹用"大中央"这三个字，是说自己的国家居于环宇之中，是中央之

辽代叶形阴刻鬼王与观音像牌

国，即"中国"。

1930年，在巴林右旗出土的《辽道宗哀册》（现藏辽宁省博物馆），据专家释读，盖上的契丹小字中，"契丹"二字乃是"k'eiauan"的音译，其原意即是"中央"。以此观之，"大契丹国"也就是"大中央之国"的意思，这也许就是辽人重新诠释国名"契丹"的缘由。联系当时契丹国已经融合有多种民族（包括北方汉人）的事实，此时显示的信息应是与中原争夺"中央之国"这一正统的称号。

关于那个被刘凤翥先生释为"哈喇"和"辽"，被乌拉熙春教授释为"胡里只"的词语，笔者认为两先生解释的都对，也都有问题。对的是这一词语里确实包括两先生的译释的结果，只不过不同的语言环境凸显了不同的内容。有问题的是，两位先生都过分强调了自己译释的正确，而忽略或无视对方译释的合理与正确的内容。结果"公说公有理，婆说婆有理"，谁也说服不了谁。

这个"辽"，本义应为"辽泽"，是契丹祖先生活的地方，亦即契丹人众居住过的地方。契丹把"辽"当作国号，是出于纪念民族发祥之地的意念。"哈喇"是"辽"的一种意译，因为"辽"源于水，又是国号，"辽国"又以水为德运，水五行色为"黑"，以"哈喇"译"辽"，是从五行、五色及"水德"诸方面考虑。"胡里只"是对"辽"的音译或直译，重点在于对"自家的人众"居住地的强调。

契丹文"大圣黑龙"背"可汗下节"金钱

译释都对，但因侧重不同，它们都不能满足所有特定语言环境，遇到这种情况，考释者就要根据实际译作相应词语，才能准确表达作品的含义。如本文金牌阴文最后一个字，只能译作"辽"，"哈喇"、"胡里只"都不合适。再比如本文所附金钱，穿右和金牌同样之字，就只能译作"哈喇（黑）"，钱文作"大圣黑龙"，而不能译"大圣辽龙"或"大圣胡里只龙"。"辽"如在"契丹"前，它肯定不是国号，而是表达契丹国的五行、五色及天干。如在"契丹"后则是表达契丹人众居住的地方，即"胡里只"。"辽"只有不和"契丹"同时出现时，才表示为国号。

契丹一朝并不存在双国号，"辽"、"契丹"、"天朝"是同一个国号不同译法。契丹文"大中央辽"凤纹金牌告诉我们，契丹人承认自己是大中国的一员，并认为宋也是大中国兄弟成员。

契丹文"秀丽千春，咸雍通宝"鎏金赏牌考

这是辽代的一面精致的束腰"盾"形纪念"春捺钵"的契丹文银鎏金赏牌。其特别之处还在于它把当时皇帝的"王信"——年号钱的钱文镌作银鎏金赏牌铭文，宣布此牌可以作为契丹天保皇帝的通行货币通行天下。这是契丹历朝皇帝没做过的事，唯有"天保皇帝"耶律洪基在咸雍年间做了一次又一次。

为什么称耶律洪基皇帝为"天保皇帝"？《辽史》上不是称他作"天祐皇帝"吗？其实，"天保"和"天祐"是一个意思，都是契丹文"咸雍"的同义不同字的汉语意译。就像契丹语"大寿"，汉语既可以翻译成"寿隆"，也可以翻译成"寿昌"一样。虽然《辽史》上把耶律洪基称作"天祐皇帝"，但笔者觉得耶律洪基似乎更钟情于"天保皇帝"，他在位时铸的汉文年号钱"天保元宝"就是铁证。所以，契丹文"咸雍通宝"在器物上的铭刻文，译作"天保通宝"恐怕更接近道宗皇帝的"圣意"。

"咸雍"是辽道宗耶律洪基的第二个年号。前面已就"咸雍"的汉译语义"天祐"和"天保"进行了解读。"天祐"文雅，被作为道宗生前的尊号使用至终；"天保"直白，被铸成汉文纪念币，流传千年；"咸雍"隐晦，被作为汉文年号写进史册。

辽道宗为什么对"天保（咸雍）"这么刻骨铭心？原来清宁年间发生的皇室人员的叛乱，让他不敢再相信任何人，哪怕是自己最亲的亲人，只有乞求"天"（这里的"天"不仅指"上天"、"苍天"，更主要的是指"天朝的天"，萨满教的太阳神阿保机）的保佑才能使他心安。

清宁九年（1063）秋七月丙辰的"重元之乱"，让道宗心惊胆战，寝食难

契丹文"秀丽千春，咸雍通宝"鎏金赏牌

安。自己充分信任的皇太叔耶律重元，被委以天下兵马大元帅，竟和楚王耶律涅鲁古（重元子）、陈国王陈六、知北院枢密使萧胡睹、卫王西京留守贴不、林牙涅剌溥古、统军使萧迭里得等相勾结，阴谋夺取皇位。幸亏上天保佑，恰逢许王耶律仁先等数位忠勇大臣在身旁，及时地组织了有效的抵抗，说服了叛乱的弩手军，射杀了涅鲁古，才一举平定了叛乱。在道宗心目中，若不是冥冥中有天神的保佑，叛乱焉能如此顺利平息？可能正是在这种心理作用下才有了"咸雍"这个年号。也正是在这种心理作用下，才有了把"天保（咸雍）"这个年号钱文铭刻到各种可以以货币形式流通天下的贵金属器物上的做法，以彰显

"天"对当朝皇帝的特殊保护。

这面铭刻了"咸雍通宝"的束腰"盾"形银鎏金牌，通高约106.2毫米，束腰宽约45.6毫米，束高约11毫米；上盾宽约85.4毫米，高约44.9毫米；下盾宽约98.6毫米，高约50.3毫米，厚约2.74毫米，重约246克。面背均宽郭，上盾尖内有一径约11.3毫米的圆形穿孔。面郭内左右各有两朵头向外的云朵，从上至下，穿孔下左右各镌四个双钩文书写的契丹小字，右四字汉译意为"秀丽（可译作"绿"）千春"，左四字汉译意为"天保（咸雍）通宝"。背郭内上下亦共有四朵错落有致翩跹舞蹈的云朵，两朵头向内，两朵头向外，云中上面一只矫健的雄鹰直立俯视着下面仓皇

失措，不知向何处逃生的天鹅，鹰鹅的神态惟妙惟肖，画面动感十足，飘动的云中，鹰鹅追逐打斗的场面呼之欲出。

这是一幅典型的"海东青捕天鹅图"，配以牌面的"秀丽（绿）千春"牌（画）题铭和款识，可以明确知道，这面牌子是辽天祐皇帝耶律洪基于咸雍年间（1165－1174）一次春捺钵期间的赏牌。赏赐是为了让获得者可以流通使用，所以把年号钱钱文铭刻在赏牌上。

契丹人喜爱天鹅，春捺钵的主要内容之一就是捕抓天鹅。抓捕天鹅要靠"海东青"，而"海东青"多出于女真地区，由于契丹朝廷过度索要"海东青"，造成了女真人对契丹人的仇恨，这就为女真人反辽埋下了伏笔。

咸雍年间辽道宗铸"天保元宝"金钱

契丹文"天祚皇帝之赐金吾卫上将军"银牌考

这是笔者最钟爱的一面符牌，因为是所见辽金符牌中设计最妙、做工最细、造型最美的契丹文银符牌。虽然"金吾卫上将军"只是三品武官，仅能佩戴银牌，但不知为什么这面银牌竟别出心裁，不用浇铸法成型，而用费工费时的制做银器的捶揲、錾刻、焊接等方法精心制作，为中国符牌百花园献上了一束绽放异彩的奇葩。

银牌空心，略呈长形，为两片打制成凹形的长方形银片焊接而成。牌高82.2毫米，双鱼龙围成的牌面内凹，内凹圆径68毫米，边缘錾出约1.5毫米宽的花瓣形花边。牌宽70.35毫米，最厚处8.36毫米，最薄处6.5毫米，牌重98.5克。

圆形牌面外对称錾刻直立的两条鱼龙，鱼龙头尾相对攀附于内圆外侧，作戏珠状。龙头凸起，龙鬣长披，特别有趣的是两缕长鬣从头外侧甩披至头内侧，头及龙鬣形成宽平的牌肩。两条龙张口吐舌，两长舌巧妙地联在一起，成为可活动的挂环。龙的四肢分上、中、下对称组成圆牌面外的装饰。鱼龙錾刻得粗壮有力，鳍、鳞錾刻得细致入微，极为形象生动。

圆形牌面的地子錾刻成鱼子纹，正面圆内錾刻了四个篆书契丹文字，篆法奇特，工整严谨，笔意刚健，生动流畅。经辨认，汉意为"皇帝敕命"四字。

契丹文"天祚皇帝之赐金吾卫上将军"银牌正面

牌背圆内錾刻了六个行楷体契丹文字，书写极为工整，刻工极细，笔力苍健，遒劲俊秀，笔韵盎然。经辨认，汉意为"金吾卫上将军"。

至此知道，这面银牌是辽朝皇帝亲自下令授予一位军官以"金吾卫上将军"之衔的符牌。

让人纳闷和不解的是，"金吾卫上将军"原本是由北院枢密使授衔的正三品的武散官虚衔，可这面牌子显示竟然是皇帝亲自颁发，甚至可能还亲手挂到这位被授衔人脖子上！难道这背后有什么不为后人所知的隐情？经笔者细翻辽史资料，始知这面银牌和"重元之乱"有关，是辽道宗平定叛乱之后授予平乱功臣的"授衔证书"。

整部《辽史》中仅记载了两位被授予"金吾卫上将军"之人的史实。两位"金吾卫上将军"，一个是外族人，一个是契丹本族人，两人在《辽史》中均有传。但从他们的传记看，那位外族"金吾卫上将军"是唯一可能在特定事件中，因立下重大功勋而被皇帝特别颁发敕命，授予特制银牌的人。他就是契丹回鹘籍将军孩里。《辽史》卷九十七《孩里传》是这样记述他的：

孩里，字胡辇，回鹘人。其先在太祖时来贡，愿留，因任用之。孩里，重熙间历近侍长。清宁九年，讨重元之乱有功，加金吾卫上将军，赐平乱功臣。累迁殿前都点检，以宿卫严肃称。大康初，加守太子太保。二年，加同中

从中可以知道，孩里所立之功不是普通的斩杀几百敌人首级的军功，而是平定皇太叔耶律重元发动军事政变的战功，是保卫皇帝地位和国家国体不变的殊功，于国于民于皇帝本人都具有特殊意义。面对这样的功臣，皇帝怎能不真心感激？怎能不亲颁敕命嘉奖这些对国家对自己忠心耿耿之士？怎能不精心特制一批与众不同的奖品赏赐给这些立下不世之功的平乱功臣？

据《辽史·道宗纪》载，当时被授予上将军的宿卫军人共十余人，他们也应获得此样银牌，可惜的是他们的银牌无一传下来，或许笔者之牌就是他们中哪一位的，只是因此人没有青史留名，姑且由孩里担承这份荣誉吧。

众所周知，在文物行业对新领域的研究难免要走弯路，出现疏漏在所难免。对契丹文"皇帝敕命金吾卫上将军"银牌考释时，因牌面右上的篆文契丹字无准确对应的翻译资料可供查核，而其余三字汉意为"皇帝之赐"，考虑到牌背"金吾卫上将军"是辽代武将的官衔，想当然地认为牌面的契丹字"赐"应是汉语"敕命"之"敕"，"皇帝之敕"汉译为"皇帝敕命"，并以《辽史》为依据对该银牌主人、赐牌皇帝进行了初步考释。后来，参阅著名契丹文字学家刘凤翥先生对《许王墓志》的考证，发现与银牌右上第一字对应的解读是"天祚"，又同国内外多位契丹文专家探讨，最后确认银牌右上第

契丹文"天祚皇帝之赐金吾卫上将军"银牌背面

书门下平章事。三年，改同知南院宣徽使事。会耶律乙辛出守中京，孩里入贺；及议复召，陈其不可。后乙辛再入枢府，出孩里为广利军节度使。及皇太子被诬，孩里当连坐，有诏勿问。大安初，历品达鲁虢部节度使。寿隆五年，有疾，自言吾数已尽，却医药，卒，年七十七。

孩里信浮图。清宁初，从上猎，堕马，愤而复苏。言始见二人引至一城，宫室宏敞，有衣绛袍人坐殿上，左右列侍，导孩里升阶。持牍者示之，曰："本取大腹骨欲，误执汝。"牍上书"官至使相，寿七十七"。须史还，挤之大壑而寤。道宗闻之，命书其事，后皆验。

做工精细的辽代高翅鎏金银冠

一字的确应该解读为"天祚"。

银牌的颁发人得以重新认定，银牌的获得人自然也就需重新考证。

经笔者细翻《辽史》天祚帝资料，仅查到天祚帝天庆中期一个叫耶律适禄的人知兴中府时，曾被加为"金吾卫上将军"，不久即被强盗所杀。从耶律适禄的履历看，他最大的功劳是在上京擒获了一名枭贼赵钟哥。这样的功劳应不

足以使皇帝感动，不足以让皇帝向他亲赐银牌。

为了慎重起见，笔者又查找了《契丹国志》和目前所能见到的石刻文字资料，希望能在其中查到有关天祚帝时期加"金吾卫上将军"的信息。然而，从目前所能见到的资科看，除耶律适禄外，尚未发现其他天祚时期获得"金吾卫上将军"的人。原因不是天祚帝授予

契丹将军和武士

的"金吾卫上将军"少，而是这个品级的人有资格入史的人少。加上《辽史》中关于天祚帝的史实是元人根据私人笔记纂成，错讹漏丢比正史严重百倍，能有一个"金吾卫上将军"的事迹被保留已是奇迹。

据《辽史·耶律适禄传》记载：

耶律适禄，字撒懒。清宁初，为本班郎君，稍迁宿直官。乾统中，从伐阻卜有功，加奉宸。历护卫太保，改弘义宫副使。时上京枭贼赵钟哥跋扈自肆，适禄擒之，加泰州观察使，为达鲁虢部节度使。天庆中，知兴中府，加"金吾卫上将军"。后为盗所杀。

从内容上看，里面问题很多，清宁年初就当宿直官的耶律适禄，在道宗在位的四十多年中一直没升迁，这在当时似乎是不可能发生的。乾统年中，耶律适禄将近六旬却战功连连，七十余岁终于熬成了一个小部落节度使。近八十岁才被加为"金吾卫上将军"，没几天还被强盗给杀了。

这样一个可怜的老人，其生平虽可疑，但其事迹如果是真的，那天祚帝赐给他的那枚"天祚皇帝之赐金吾卫上将军"银牌也还是可能的。当然，那就应不是褒奖耶律适禄的赫赫军功和惊天动地的伟业，而是嘉奖他终身为朝廷鞠躬尽瘁、死而后已的精神，于国于民于皇帝本人都是具有特殊意义的，是需要大力提倡和褒奖的。面对这样的白发苍苍的老将军，皇帝怎能不从心底真心感激？怎能不亲颁敕命嘉奖这些对国家对自己忠心耿耿之士？怎能不精心特制一批与众不同的奖品赏赐给这些虽无殊世之功，但把一生的精力和热血都献给了

辽代鎏金银鞍桥

辽代鎏金银冠

契丹朝廷的功臣？

天祚帝时期授予的"金吾卫上将军"绝不会只耶律适禄一个人，应还有很多人，他们也肯定获得了此样银牌，可惜的是此外无一例传下来，或许笔者之牌就是他们中哪一位的，只是因本人无缘载入史籍而无从查考。

这面契丹文"皇帝敕命金吾卫上将军"银牌，是现存于世历代金银铜符牌中最精致、最漂亮、最具创意的珍品，是记录契丹文明史不可多得的珍贵文物。

佛像背阴刻契丹文符牌考

辽代佛教兴起于何时？《辽史·太祖纪》载：

　　唐天复二年（902年）九月，城龙化州于潢河之南，始建开教寺。

　　"开教"是"开始允许佛教存在"，还是"开始佛教传播"？或者是寺庙名称？语焉不详，让人费解。因为佛教早在遥辇汗国时期就已经在契丹境内流行，许多契丹贵族通过与隋唐朝廷的交往，了解了佛教，皈依了佛教。契丹境内早就有佛寺和佛教信徒存在，这已为辽境内南北朝及隋唐佛教寺庙遗存所证实。

　　辽太祖这个"开教"开的是否是佛教？笔者认为很可疑。因为从辽代早期墓葬中出土的佛教用品来看，纯印度佛教很少，多是摩尼、景教、佛教混杂在一起的所谓的"回鹘式佛教"。辽太祖

辽代黄金舍利塔

"开"的这个"教"，可能就是有别于印度佛教的"回鹘式佛教"。这面"面佛像背阴刻契丹文"金符牌，就是"回鹘式佛教"殉葬符牌，为辽早期契丹人的宗教信仰情况提供了实物佐证，为《辽史》缺失内容提供了有益的补充。

这面"面佛像背阴刻契丹文"金符牌，通高135毫米，脊高130毫米，宽103毫米，厚约6毫米，重约352克。黄金质，锈色艳丽，包浆自然浑厚，润泽光滑。牌面作佛龛状，歇山式屋脊上两个像鸟头又似蛇头样的鸱吻相对，屋檐下一长方形边框内，一座六层莲台上端坐一位两臂左右伸出，右手掌手心向下，左手掌心向上的肥头大耳的佛陀，他头戴一顶似头巾缠绕而成、中间钉有巨大的下三角形宝石的帽子，佛陀身罩套头式长袍，头后身后两层背光。莲

台、背光边缘都用短线装饰，似为变形的火焰纹。

这种佛像在印度佛教中从未见过，即使在中国佛教八大宗派中也没见过此样佛陀。而这种扮相的佛教人物在辽代器物上却屡见不鲜，如本文所附一辽代金棺上的诸多佛教人物形象，其中与符牌佛陀类似者就不少。这就说明辽早期佛教确实和辽中后期佛教在教义、教仪上都有所别，此前研究辽佛教的专家学者不知为什么没指出这种情况？难道这么重要的课题不值得研究吗？笔者实在

面佛像背阴刻契丹文符牌

感到难以理解。

牌背作平板式，上镌横二竖三五行阴文，上两行横写阴文可能是古回鹘文或古梵文佛教咒语，遗憾的是笔者目前还不能完全识译。三竖行阴文为契丹小字，右竖行十二个字汉译意为"大辽国公上等令公丞相大王"，此应为官衔。"大辽"为国号，"国公"为爵号。辽早期亦学唐实行封爵制度，爵位分几等虽已不可考证，但公、侯、伯、子、男等爵位似乎还沿用。"国公"应该是最高封爵。

"上等令公"比较费解，用"上等"修饰"令公"似不合理。因"令公"原意专指"中书令"，是辽以前各朝对宰相一级的官员的尊称，而中书令没见分上、下等的。这里的"令公"显然不是指"中书令"，而似乎指封爵的"公"，因为"公"亦可称"令公"。公爵分等是各朝惯例，那么说"令公"有上下等也是顺理成章的事了。"国公"应即是"上等令公"，这里强调"上等"，应指正从一品的公爵。

"丞相"、"大王"，照理是两个

刻有佛像的辽代金棺侧面

刻有佛像的辽代金棺正面

不同的官职，可在辽代大部分担任过丞相的契丹人，都担任过节度使，而节度使来源于原各部落夷离堇，"夷离堇"旧时被呼为"大王"。所以，"丞相大王"这里应不是实称，而是指此人担任过"丞相"和"大王"两种官职。即相等于契丹人墓志铭中常常用以炫耀自己履历的"使相"一词。

中间竖行七个字，汉意为"殡公太夫人（于）辰时"，从中可知被祭奠之人的身份是国公、丞相大王的母亲——太夫人。埋葬的时间为辰时。

左竖行八个字，汉意为"神册二年一月十日"，是为送殡的时间。神册二年为公元917年。此时间是目前已发现所有

契丹文实物资料中刻制年代最早的时间。

目前，此牌提到的这位"大辽国公上等令公丞相大王"已无踪迹可考，该人姓字名谁更是难觅芳踪，但这并不影响这面辽早期符牌的特殊历史价值、考古价值和其在契丹文字发展史上里程碑式的价值。这些实证内容体现在如下几个方面：

一、铭文证实契丹建国时有多种国号同时存在，并不像汉文史籍记载那样，一会儿契丹，一会儿辽，而是契丹、辽、天朝三国号同时存在，只不过是一为音译，一为意译，一为本义而已。

二、铭文证实"大辽"国号不是辽太宗获石敬瑭燕云十六州后所建国号，

契丹人祖山石房子

而是辽太祖接受遥辇禅让后所建三国号之一，取自契丹人繁衍之地"辽泽"之"辽"，是对契丹语"天神裔族"的音译。

三、铭文证实契丹文字，即所谓的契丹大小字都不是阿保机的耶律帝国所创造，所谓"神册五年创制契丹大字"、"天赞四年迭剌制契丹小字"的"神话"，都不过是阿保机造神运动的一部分。契丹文字应在遥辇汗国时就已经成形并已在契丹各地使用，阿保机最多不过做了些整理与重新颁布工作。

四、它以形象的图像，证实耶律阿保机902年的"开教"，开的并不是纯正的中国佛教，而是回鹘式佛教。这是阿保机利用回鹘佛教对契丹原始宗教萨满教进行改造，为把自己打扮成神的运动的重要部分。

金符牌上述四项功绩是具有划时代的历史意义的，是此前所有有关契丹上述四方面汉文契丹文史料都失载或有意不载的内容，从这一点出发，它的价值怎么说都不过分。

辽代黄金经幢

契丹文"甘露日避"银符牌考

这是一面契丹文银符牌，上面的四个契丹小字不难辨认，从上至下，依次译为："日甘露避。""日甘露避"？说不通啊！

四字中，"甘露"是个完整的名词，是契丹属国东丹国存在百余年间的唯一年号。莫非此牌是东丹国所铸，是和甘露年发生的某件事有关？剩下的两字"日"、"避"，是不是一个词？是一个词的话，什么意思？又为什么把它们拆开，并把"日"放到"甘露"前面？

带着这些疑问，查阅了《契丹国志》、《辽史》、《旧五代史》、《新五代史》等史籍，知道东丹国甘露年间确实发生了一系列令东丹国君臣蒙羞的事——东丹之"日"被迫"自避"。《辽史·淳钦皇后述律平传》就有应天太后述律平令长子、皇太子、东丹王耶律倍让位于次子耶律德光，以及耶律德光立，耶律倍避之于唐（五代后唐）的记载。

契丹人把皇帝敬为日神，耶律倍在东丹着天子冠服，行天子之事，自然也是太阳，其避于唐，称为"日避"理所当然。把"日避"一词拆开，把"日"提到"甘露"前，即是遵循当时撰写公文遇到特殊字，如"皇帝"、"天"、"日"等提一格，把特殊字"升读"以示尊讳的书写格式，又是对"甘露政变"的一种控诉，更是避免遭到嗣圣皇帝耶律德光猜忌的保密方式。

这面银符牌，应该是东丹国铸造的，用于东丹君臣见面联系的信牌。铸造时间应在东丹王耶律倍浮海适唐的契

丹天显五年（东丹甘露五年，930）十一月戊寅后的一个月内。这面符牌记录了东丹之"日"被"避"的一段史实，揭露了皇位传承过程中残酷的斗争实况，戳穿了所谓"禅让"的虚伪画皮。请看《辽史》是怎样美化这段史实的：

契丹天赞五年（天显元年，东丹甘露元年，926）春正月，大契丹天皇帝耶律阿保机举兵亲征渤海国，连战连捷，不到月底，渤海举国投降。二月庚寅，改元天显。丙午，改渤海国为东丹国，忽汗城为天福城。册皇太子倍为人皇王主之。仍赐天子冠服，建元甘露，称制。秋七月辛巳，天皇帝耶律阿保机崩于扶余府。壬午，皇后称制，权决军国事。八月壬寅，尧骨（德光）奔赴行在。乙巳，人皇王倍携母命铸助修山陵钱"助国元（通）宝钱"继至。九月丁卯，梓宫至皇都，权殡于子城西北。己巳，上谥昇天皇帝，庙号太祖。

契丹天显二年（东丹甘露二年，927）八月丁酉，葬太祖皇帝于祖陵，置祖州天成军节度使以奉陵寝。太祖所崩行宫处建昇天殿，改扶余为黄龙府。治祖陵毕，倍知皇太后意欲立德光，乃谓

东丹王出行图

辽太祖耶律阿保机

公卿曰："大元帅功德及人神，中外攸属，宜主社稷"。冬十一月壬戌，人皇王倍率群臣请于太后而让位曰："皇子大元帅勋望，中外攸属，宜承大统。"后从之，是日大元帅即皇帝位。人皇王献"壮国元（通）宝钱"庆贺大元帅登基。太宗铸"尧舜衔宝"、"尧天舜日"钱，以答谢之。

太宗即立，见疑于人皇王。契丹天显三年（东丹甘露三年，928年）十二月甲寅，太宗趁人皇王在皇都之机，密诏遣耶律羽之尽迁东丹其民以实东平，升东平为南京，徙倍居之。又置卫士阴伺动静。倍既归国，命王继远撰建南京碑，起书楼于西宫，作《乐田园诗》。唐明宗闻之，遣人跨海持书密召倍。倍因畋海上。使再至，倍谓左右曰："我以天下让主上，今反见疑，不如适他国，以成吴太伯之名。"立木海上，刻诗曰："小山压大山，大山全无力。羞

契丹文"甘露日避"银符牌

107

见故乡人，从此投外国。"携高美人，载书浮海而去。

唐以天子仪卫迎倍，至汴，见明宗。明宗以庄宗后夏氏妻之，赐姓东丹，名之曰慕华。拜怀化军节度使、端慎等州观察使。复赐御姓李，名赞华。移镇滑州，遥领虔州节度史。倍虽在异国，常思其亲，向安之使不绝。

而隐藏在《辽史》背后的真实历史又是怎样的呢？

契丹太祖耶律阿保机是个胸怀"一统天下"雄心的智者与明君，他知道完成统一天下大业仅靠武力是不行的，必须以德服人，使国家有立国根本。太祖选择了儒家的"德"作为国本，以"大德兴国"为口号，替"一统天下"做舆论准备。为此，太祖选了精通儒家经典、心怀仁义之心、文武全才的长子耶律倍为自己的助手和接班人。这从太祖建孔子庙，诏皇太子春秋祭奠可窥见其一片苦心。自神册元年（916）三月丙辰立耶律倍为皇太子以后，除命其代表自己春秋祭孔外，还不断派皇太子率军四处征讨，与各部将帅、军节度使建立密切关系。为稳固和加强皇太子的地位，天皇帝通过铸造文字钱"泰皇万国"、透雕钱"天地人三神"钱等，利用"王信"（钱币）宣示皇太子是天皇帝耶律阿保机、地皇后述律平之外统领万国的"泰皇"。

灭渤海国后，为使皇太子有辖制皇次子、大元帅耶律德光的力量，又册封耶律倍为"人皇王"，着天子冠服，称制，主政五京、十五府、六十二州、

契丹文"万国泰皇"铜钱

一百三十余县，军队达二三十万人的东丹国。阿保机这时没册封耶律倍为东丹国王，而封其为"人皇王"并着天子冠服主政东丹国，是公开宣称耶律倍是自己的法定接班人，是契丹"天地人三神"领导核心的成员之一。他管理东丹国，是代天皇帝自己本人行事。为使耶律倍有强力助手，阿保机任命皇弟迭剌任东丹左大相掌管朝纲，命皇弟寅底石为守太师、政事令，在契丹辅人皇王。

阿保机的布置不能说不缜密，为耶律倍想得不能说不周到。但人算不如天算，阿保机没有想到自己会突然死亡，更没有想到自己的妻子述律平会出来搅乱自己的布置，根本没想到妻子竟是最想颠覆自己苦心经营的罪魁祸首。皇后述律平在阿保机死后，自己称制，掌握了军国大权，谕令人皇王耶律倍铸助修山陵钱，迟滞耶律倍奔丧时间。等耶律倍奔至行在，述律平己和耶律德光商议好了篡位大计。

首先，令司徒耶律划沙将人皇王耶律倍的政治支柱皇叔、守太师、政事令耶律寅底石刺杀于奔丧路上；又密谕耶律羽之代行左大相职权，将东丹军政大权转移到羽之手中；继逼反卢龙节度使卢国用后，罗织罪名剿杀太祖亲信、同情人皇王的高级官员一百多人，使耶律倍的行政、军事资源丧失殆尽，成了名副其实的孤家寡人。在述律后的淫威面前，耶律倍不得不低头称臣，强颜咽下自动让出帝位的苦果。

内蒙古阿鲁科尔沁旗耶律羽之墓出土黄金面具

耶律德光登上皇帝宝座之初，虽铸了"尧舜衕宝"钱美化自己夺得帝位是属于禅让，铸"尧天舜日"钱以美化契丹是哥俩同政。实际他每时每刻都心惊肉跳，以防备耶律倍！他用尽了阴谋诡计，只是碍于母亲的威力和骨肉之情没有动杀机，此外能做的一切都毫不犹豫地下手做了。在这种情势下，以民族和国家利益为重的耶律倍选择了"自避"，接受唐明宗邀请，流亡到后唐，让嗣圣皇帝、自己的弟弟耶律德光安心治理国家，完成父亲、天皇帝耶律阿保机"一统天下"的未竟事业。

耶律倍在后唐，虽受到最高的礼遇和高规格的接待，但思念故国、思念亲人之情丝毫未减。他不断遣使回国向母亲、向弟弟问安，同时向留在东丹国的王妃和儿子永康王传递平安信息。拜见东丹王妃母子的使者手持的信物，可能就是这枚"甘露日避"银牌。而这枚银符牌上的四个字，可能

折十型"尧舜衔宝"金钱

是用人皇王被逼让出帝位的泪水写成，是用被述律后所杀太祖遗命辅佐人皇王

大臣们的鲜血写就，是记录"甘露政变"史实的铁证。

契丹文"大辽承天皇太都统"金牌考释

这是一面令契丹钱币符牌学家啧啧称奇、让契丹文物收藏家拍案叫绝的辽代符牌。该符牌金质，长方形，高79.08毫米，宽39毫米，厚3.56毫米，穿径3.38毫米，重128.7克。正面镌有8个阳铸契丹文字，背阴刻23个契丹文字。

此金质符牌正面整体凸铸一只长尾如月钩状的金凤凰，凤身与凤羽构成一长圆的内环形，飞凤翩翩起舞，呼之欲出。整个牌面富丽堂皇又不失端祥肃穆。椭圆环形内铸有从右向左横写的两个契丹小字，汉译为"大辽"；下面又有从上至下序读的六个契丹小字，汉译

为"承天皇太都统"。

"大辽承天皇太都统"，这句话开始时使笔者迷茫，怀疑自己的眼睛；继而感到惊异，不相信这是事实。经过反复核对，最后不能不赞叹契丹人敢于创造的精神，竟能把一个至尊的专用名词改造成一个颇具创新意味的新词。

史籍称，辽圣宗统和元年（983），恢复国号为"大契丹"，其实这在契丹文史籍中根本未改，仍称自己国家为"大辽"，这面牌子就是明证。

"承天太后"是圣宗于统和元年六月甲午，率群臣给自己母后萧绰上的

契丹文"大辽承天皇太都统"金牌

尊号。"皇太都统",应是承天太后、辽圣宗母子与群臣共同创造的新名词,可惜史书失载。据笔者分析,此"皇太都统"应是"皇太后"与"都统"糅合而成。"皇太后"是皇帝母亲的专称,"都统"是军队统帅的称谓,两者本无关联。在汉地,这两个词怎么也不会合到一起使用。可在契丹,在承天太后和辽圣宗御驾南征的统和二十二年(1005)九月闰月乙未,这两个词却自然合成了"皇太都统",成为承天太后南征期间的御用专称。它的意思即是"大辽国承担天朝重任的皇家最高军队统帅",言外之意皇帝也要归其指挥。

牌背阴刻的二十三个契丹小字,自右至左分为三行,右两行分成上两行各三字下两行各四字两部分。右上部分汉译为:"甘露降,掩蔽日";右下部分汉译为:"辽兄萧弟,家国永和。"牌左一行汉译为:"统和二十二年十二月。"从文字内容看,这是大辽国南征最高统帅"承天皇太都统"萧绰颁赐给一位战殁官员下葬时随葬的"殉葬金牌"。"甘露降,掩蔽日"是送葬封墓之日常用的语句,是证明该牌是"殉葬牌"的重要佐证。"辽兄萧弟,家国永和"是一句祈祝语。"辽",这里指皇族耶律氏,"萧"指的是后族萧氏。这里是说皇族和后族如果像兄弟般团结，两个家族和国家就会永远祥和。

什么官员故去能惊动最高统治者亲自为其颁赐"殉葬牌"，并与死者称兄道弟？

牌子本身揭开了这一秘密：

一是牌子材质。金牌在辽代只有三品以上的高官才有资格获得颁赐，这说明死者官职很高，而且是对国家举足轻重的人物。

二是标明承天皇太后萧绰尊号，特别是战时的特殊名号，辽代所有符牌中仅此一例，说明死者的故去是对辽国极大损失，是对辽皇室和后族的重大打击，否则萧太后不会亲自颁赐此牌，而且牌上文字悲痛之情溢于言表。

三是牌上落款日期"统和二十二年十二月"透露了死者是谁的重大信息。统和二十二年是契丹南征伐宋之年，契丹军一路斩将夺关，捷报连连。十一月壬申直抵澶州。宋朝挺不住，派人求和，承天太后有意许和，就在这时发生了契丹大将萧挞凛中伏弩而死的噩耗。丧车至营，太后哭得非常伤心，一连五天没上朝。综合这些信息，可以断定牌子主人即死者应就是这位大名鼎鼎的契丹大将军萧挞凛。

萧挞凛，字驼宁，萧思温的再从侄，和承天太后萧绰是叔伯姐弟。《辽史》详细记载了萧挞凛的事迹：

萧挞凛，幼敦厚，有才略，通天文。保宁初，为宿直官，累任各种要职。

统和四年，宋杨继业率兵由代州来侵，攻陷城邑。挞凛以诸军副部署，从枢密使耶律斜轸败之，擒继业于朔州。六年秋，改南院都监，从驾南征，攻沙堆，力战被创，太后尝亲临视。明年，加右监门卫上将军、检校太师，遥授彰德军节度使。

十一年，与东京留守萧恒德伐高丽，破之。高丽称臣奉贡。十二年，夏人犯边，皇太妃受命总乌古及永兴宫分军讨之，挞凛为阻卜都详稳。凡军中号令，太妃并委挞凛。师还，以功加兼侍中，封兰陵郡王。十五年，敌烈部人杀详稳而叛，遁于西北荒，挞凛将轻骑逐之，因讨阻卜之未服者，诸蕃岁贡方物充于国，自后往来若一家焉。上赐诗嘉奖，仍命林牙耶律昭作赋，以述其功。挞凛以诸部叛服不常，上表乞建三城以绝边患，从之。俄召为南京统军使。

二十二年，复伐宋，擒其将王先知，破其军于遂城，下祁州，上手诏奖谕。十一月壬申，进至澶渊，宋主军于城隍间，未接战，挞凛按视地形，取宋之羊观、盐堆、兔雁，中伏弩卒。明日，束车至，太后哭之恸，辍朝五日。

萧挞凛出身后族，号称"国舅太师"，智勇双全，功高至伟。这样一个股肱之臣战死沙场，于国于家都是重大损失，萧太后除因深深姐弟之情、君臣之情外，更痛惜的是在和平来临前夕，屡建奇功的爱将竟意外而去，真真痛哉！惜哉！

萧绰痛定思痛，更深深地感到皇族和后族团结的重要，所以她从心底喊出

宋朝军官和士兵

见证辽宋澶渊之盟的河南濮阳回銮碑（亦曰"契丹出境碑"）

了"辽兄萧弟，家国永和"的呼声。这一声呼喊唤来了辽国120多年的和平，唤来了契丹融入中华民族的坚定决心！

有据可查的，萧太后赐给臣下的符牌仅见此一面，被赐者竟是官居顶级、功高至伟的皇亲国戚和著名的辽朝主将，这都加重了这面牌子在文物考古、补纠《辽史》缺讹方面的价值重量，使其成为今后辽宋符牌史上具有深远意义的一面符牌。

附一：契丹（辽）政权年号及纪元表

部落联盟时期（618—730）

大贺氏部落联盟，大贺氏后改姓李氏。

契丹君长	咄罗（9）	戊寅	618
契丹君长	摩会（20）	戊子	628
松漠都督	窟哥（5）	戊申	648
松漠都督	阿不固（7）	癸丑	653
松漠都督、无上可汗	李尽忠（后改号尽灭）（21）	乙亥	675
松漠都督、松漠郡王	李失活（21）	丁酉	697
松漠都督、松漠郡王	娑固（2）	丁巳	718
松漠都督、松漠郡王	郁于（3）	庚申	720
松漠都督、辽阳郡王	咄于（2）	癸亥	723
松漠都督、广化郡王	邵固（5）	甲子	725
松漠都督、北平郡王	李过折（1）	乙亥	735

契丹汗国时期（730－907）

契丹汗国，遥辇氏。

洼可汗	遥辇屈列（5）	己巳	730
唐松漠都督、契丹八部君长	耶律涅礼（10）	乙亥	735
松漠都督、崇顺王、契丹王、阻午可汗	遥辇俎里（汉名李怀秀）（11）	乙酉	745
唐松漠都督、恭仁王、契丹王、胡刺可汗	遥辇楷落（33）	丙申	756
契丹王、苏可汗	遥辇俟利（19）	乙巳	789
契丹王、鲜质可汗	遥辇合孙（12）	戊子	808
契丹王、昭古可汗	遥辇衣裔（22）	庚子	820
唐云麾将军、契丹王、耶澜可汗	遥辇屈戌（18）	壬戌	842
契丹王、巴刺可汗	遥辇习尔（习尔之）（42）	庚辰	860
契丹王、痕德堇可汗	遥辇钦德（5）	壬戌	902

契丹帝国时期（907－1125）

契丹建国于907年，916年始建年号，938年（一说947年）改国号为辽，983年复称契丹，1066年仍称辽。

自太祖916年建元神册，至天祚帝保大五年（1125）被金俘虏、契丹国灭亡的209年里，共建年号22个。其中辽道宗大康年号曾作太康，寿昌年号曾作寿隆，而太康、寿隆这两个年号为一字异写不算改元。

		无年号（10）	丁卯	907
太祖神烈天皇帝	耶律阿保机	神册（7）	丙子（十二）	916
		天赞（5）	壬午（二）	922
		天显（1）	丙戌（二）	926
应天皇太后	述律平	天显（1）	丙戌（七）	926
太宗惠文帝	耶律德光	天显（11）	丁亥（十一）	927
		会同（10）	戊戌（十一）	938
		大同（1）	丁未（二）	947
世宗庄宪帝	耶律阮	天禄（5）	丁未（九）	947
泰宁帝	耶律察割	天禄（1）	辛亥	951
穆宗敬正帝	耶律璟	应历（19）	辛亥（九）	951
景宗康靖帝	耶律贤	保宁（11）	己巳（二）	969
		乾亨（3）	己卯（十一）	979

		乾亨（2）	壬午（九）	982
圣宗孝宣帝	耶律隆绪	统和（30）	癸未（六）	983
		开泰（10）	壬子（十一）	1012
		太平（11）	辛酉（十一）	1021
兴宗孝章帝	耶律宗真	景福（2）	辛未（六）	1031
		重熙（24）	壬申（十一）	1032
道宗孝文帝	耶律洪基	清宁（10）	乙未（八）	1055
		咸雍（10）	乙巳	1065
		大（太）康（10）	乙卯	1075
		大安（10）	乙丑	1085
		寿昌（隆）（7）	乙亥	1095
天祚帝	耶律延禧	乾统（10）	辛巳（二）	1101
		天庆（10）	辛卯	1111
		保大（5）	辛丑	1121

西辽国（1124－1218）

自耶律大石自保大四年（1124）率部西迁，于起儿漫称帝，建元延庆，至末帝屈出律1218年被蒙古军擒杀，共建年号8个。

德宗	耶律大石	延庆（10）	甲辰（二）	1124
		康国（10）	甲午	1134
感天皇后	萧塔不烟	咸清（7）	甲子	1144
仁宗	耶律夷列	绍兴（13）	辛未	1151
承天太后	耶律普速完	崇福（5）	甲申	1164
		皇德（2）	戊子	1168
		重德（8）	庚寅	1170
文颢帝	耶律直鲁古	天禧（34）	戊戌	1178
愍文帝	屈出律	（6）	辛未	1211

西北辽国（1161－1196）

自契丹西北群牧义军都元帅移剌窝斡于金正隆六年（1161）十二月乙亥，围临潢府称帝，改元天正，至大定二年九月庚子、移剌窝斡被叛徒稍合住、神独斡擒拿枭首于京师的十个月里直至大定四年（1164）五月移剌窝斡继承人移剌蒲速越被杀的总共近五年时间里，仅建年号1个。此阶段被称为"前西北辽"。

自契丹西北群牧二次大起义义军首领德寿、陁锁于金承安元年（1196）十月据信州复辽国，建元身圣，至十一月金左丞相完颜襄遣临潢总管乌古论道远、咸平总管蒲察守纯分道进讨，将德寿等擒获送往京师的一个月里，建年号1个。此阶段被称为"后西北辽"。

天正帝	耶律窝斡	天正（1）	乙亥	1161
			辛亥	1162
身圣帝	耶律德寿	身圣（1）	庚午	1196
			丙午	1196

东辽国（1213－1259）

自金崇庆二年（1213）三月，原契丹亲王、金北边千户耶律留哥被契丹义军推为辽王，重建辽国，建元天统，至留哥重孙耶律古乃于蒙古蒙哥汗九年（1259）除世袭辽王称号的46年里，只建年号1个。

辽王	耶律留哥	天统（4）	癸酉（三）	1213
		（4）	丙子	1216
王妃	姚里氏	（7）	庚辰	1220
辽王	耶律薛阇	（12）	丙戌	1226
辽王	耶律收国奴	（21）	戊戌	1238
辽王	耶律古乃	（10）	己未	1259

后辽国（1216－1219）

自金贞祐四年（1216）耶律留哥的部下契丹宗室族人乞奴、金山、青狗、统古与等叛耶律留哥，推耶律厮不僭帝号于澄州，建国号辽，改元天威，至金兴定三年（1219）春，耶律留哥集蒙古、契丹、东夏、高丽联军败辽军于高丽，末帝耶律喊舍自经死的近四年里的五个皇帝（含一监国），已知建年号3个。

天威帝	耶律厮不	天威（1）	丙子	1216
监国	耶律乞奴	天佑（1）	丙子	1216
天德帝	耶律金山	天德（1）	丙子	1216
辽帝	耶律统古与	（1）	丁丑	1217

东丹国（926－998）

自契丹太祖天显元年（926）二月丙午，改渤海国为东丹，忽汗城为天福，册皇太子耶律倍为人皇王以主之，乃赐天子冠服，建元甘露，称制。至辽圣宗"统和

十六年（998）丙午以监门卫上将军耶律喜罗为中台省左相"这条《辽史》中最后有关东丹国的记载时间为止，东丹国存在72年，其间只建甘露1个年号。

人皇王	耶律倍	甘露（5）	丙戌（二）	926
人皇王王妃	萧氏	甘露（10）	庚寅	930
永康王	耶律阮	甘露（7）	庚子	940
明王	耶律安端	甘露（4）	丁未	947
中山王	耶律娄国	（30）	壬亥	952

兴辽国（1029－1030）

自辽圣宗太平九年（1029）八月乙丑，东京舍利军详隐大延琳囚留守、驸马都尉萧孝先及南阳公主，杀户部使韩绍勋、副使王嘉、四捷军都指挥使萧颇得，僭立称帝，号其国为兴辽，建年号天庆，至第二年（1030）八月丙午，东京贼将杨详世夜开城门纳辽军，擒大延琳，渤海平。建年号1个。

兴辽皇帝	大延琳	天庆（2）	乙丑（一）	1029

大渤海国（1116）

自辽东京裨将渤海人高永昌于辽天庆六年（1116）正月，据东京自称大渤海皇帝，建元隆基，至辽天庆六年（1116）四月其被金俘虏斩杀的四个月里，建年号2个。

大渤海国皇帝	高永昌	隆基（1）	丙申	1116
		应顺（1）	丙申	1116

北辽国（1122－1123）

自耶律淳保大二年（1122）三月登基改元建福，至保大三年（1123）十一月北辽末帝耶律术烈被部众所杀的二十个月里，共建年号3个。

宣宗	耶律淳	建福（1）	壬寅（三）	1122
萧德妃	萧普贤女	德兴（1）	壬寅（六）	1122
秦王	耶律定	德兴（1）	壬寅（六）	1122
梁王	耶律雅里	神历（1）	癸卯（五）	1123
英宗	耶律术烈	（1）	癸卯（十）	1123

大奚国（1123）

自辽奚王萧乾（回离保）于辽保大三年（1123）春正月丁巳，据箭笴山建大奚国。称神圣皇帝，改元天阜，至辽保大三年（1123）八月被部下所杀的8个月里，建年号1个。

神圣皇帝	萧干	天阜（1）	癸卯	1123

附二：辽代南面官主要职官隶属简表

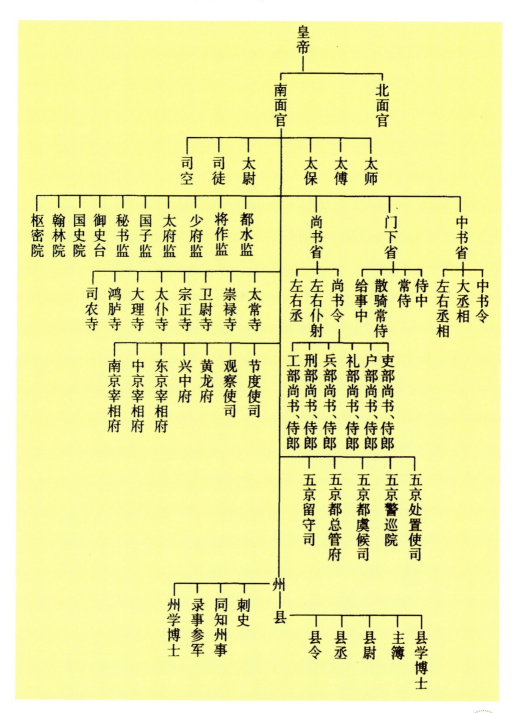

附三：辽代北面官主要职官隶属简表

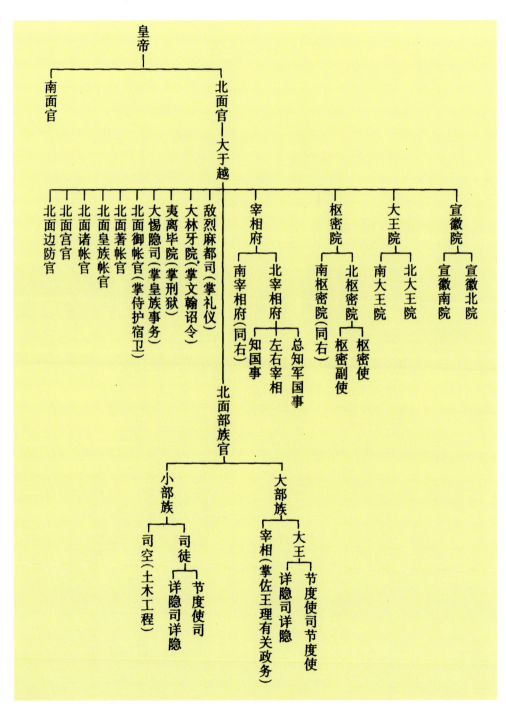

　　面对数量巨大、种类繁多、质量精美的契丹文金、银符牌，女真文符牌却少得可怜。除被某些专家认定为女真大字，汉译为"国之信"的银鎏金"递牌"有十来面外，尚未见一面被公认为女真小字的金银符牌。至于被个别专家称之为"女真小字'敕宜速'金银符牌"的，其文字都属于契丹文。

契丹文"大金国兵马上将军令"银令牌考

这是一面金代铸造的契丹文银令牌,面铸九个契丹小字,背阴刻九个契丹大字,是目前发现的唯一一面金代铸造的战时将军调遣麾下部队的军事令牌。它的珍贵之处,还在于契丹大字与契丹小字同刻于一面符牌上:面契丹小字汉译为"大金国兵马上将军令",背阴刻九个契丹大字汉译为"大安三年正月十七日"。

"大金国"是女真人首领完颜阿骨打于1115年建立的国家,"兵马上将军"是"兵马都总管"和"X卫上将军"同时使用时的简称。"令"指军令,调动、部署、指挥所属部队的命令。背文"大安"是金卫绍王完颜永济在泰和八年(1208)十一月金章宗完颜璟病死后继位,于第二年(1209)所建年号。大安纪年共三年,即1209—1211年。

大安年间是金国彻底走向衰亡的时代,1206年,铁木真被全蒙古贵族共举为成吉思汗。1208年金章宗死,卫绍王完颜永济即皇帝位,诏谕蒙古,成吉思汗拒不奉诏。金欲除成吉思汗,成吉思汗遂与金绝。自此,两国开始了战争准备。大安三年(1211),成吉思汗决定伐金。二月,成吉思汗聚众誓师,自克鲁伦河南下,发动了大规模的南征金国的战争。

从以上史实勘验,此枚铸造于大安三年正月十七日的"大金国兵马上将军令"令牌,应该是大金国筹备抵御蒙古侵略的措施之一。因为牌上的"上将军"位正三品,平时是武散官荣誉虚衔中最高等级,同时也是作战时对领兵将领加封的称号,战后即撤销。不是派往前线的将军是不会获得这一殊荣的。牌上的"兵马"是"兵马都总管"、"兵马副都总管"简称,是持牌人的实际职务,是金国重要的统兵官。"兵马都总管"、"兵马副都总管"分在诸京和各路总管府任职两类,所辖兵马甲杖虽不相同,但都是正三品等级。

"上将军"虽是虚衔,但很为官员看重,因为它是皇帝视其为皇家亲军侍卫的标志,是至高无上的荣誉。从牌上宁舍"都总管"三字,也要把"上将军"放在重要位置的情况看,官员们这种荣誉心理是不言而喻的。

京剧《四郎探母》中,元帅的帅案上大多有个令箭筒,几支令箭插在其中,令箭似乎还分金钯、银钯,铁镜公主为杨四郎盗得的就是金钯箭。故事是后人编的,虽然很精彩,但不是事实。辽金时期有没有令箭,直到今天尚不能确定。但可以肯定的是,那时有长条形的令牌。令牌为金、银、铜不同材质制作,但不叫金钯、银钯、铜钯,而叫金

金太祖完颜阿骨打

蒙古骑兵

契丹文"大金国兵马上将军令"银令牌

令牌、银令牌、铜令牌。令箭出于明清时期，令牌出于明以前，这是对令牌、令箭断代必须注意的历史常识。

辽金令牌存世极稀。不要说金令牌，就是银、铜令牌也寥若晨星。这面银令牌的面世，为辽金符牌史军令牌部分增添了实证。其文物、历史价值应得到应有的重视。

银鎏金"虎斗金牌"考

笔者藏有一面契丹文、汉文对译的金代银鎏金腰牌，其汉文为"天眷元年太子少师龙虎卫上郡大将军"十六字，与其对应的是十六个契丹小字。因资料不全，对其进行考证一直是笔者难以释怀的事。

然而，老天不负苦心人。一个偶然的机会，笔者结织了满学家金适教授。当把两面金代符牌，其中包括这面契丹文、汉文对译的金代银鎏金腰牌的照片发给金教授后，她立即转给了远在日本的妹妹、世界著名的女真文、契丹文专家乌拉熙春教授。乌拉熙春教授不但在最短时间内鉴定出腰牌的主人，而且给笔者亲自写了回信，并托金适教授惠赐四本她在日本出版的著作。

乌拉熙春教授的回信和其有关"乌里衍术里者"的著作，使笔者对这面金代银鎏金腰牌的考证豁然开朗，依据乌拉熙春教授对乌里衍术里者墓志铭和墓中出土的金版画的考释较轻松地完成了对这面腰牌的考证。但这些与其说是笔者撰写，不如说是借用乌拉熙春教授部分研究成果，加上笔者对自己藏品的认识及李卫先生的点拨拼凑而成。这里笔者真诚感谢乌拉熙春教授的坦诚无私地扶掖后学的胸襟。

第一、腰牌出自金代契丹人乌里衍术里者墓，是墓主人生前佩戴之物。

乌拉熙春教授在给我的回信中断定说：

正反面镌刻契丹小字与汉字的圆牌，出土自乌里衍术里者墓葬。（墓葬详情请参见《文物报》载《专家破译金版画》）

据《文物报》2009年3月11日第6版《专家破译金版画文字，出自金代契丹人墓葬》载：

乌里衍术里者墓，1942年发现于河北省兴隆县阎杖子乡梓木林子村，发现时已经被盗，墓内仅存一方用契丹小字镌刻的墓志。据墓志载，墓主系契丹六院部蔑古乃氏，祖父在辽道宗时期曾任宰相；父亲是辽道宗的驸马，墓主是其长子，十三岁时授诸卫小将军。金灭辽时，与辽朝末代皇帝天祚帝一起被俘。降金后屡晋官职，于金海陵王天德二年（1150）封越国王，当年去世。

乌里衍术里者是辽末金初赫赫有名的人物，汉名萧仲恭，《辽史》称其为"术者"。并在"本纪卷"二十九、

著名女真文、清史、蒙古史专家金启孮与女儿金适、乌拉熙春

三十记录了他的行踪：

（保大四年）十一月，从（天祚）行者举兵乱，北护卫太保术者、舍利详稳牙不里等击败之。

保大五年（1125）春正月己丑，遇雪，无御寒具，术者以貂裘帽进；途次绝粮，术者进麨与枣；欲憩，术者即跪坐，（天祚）倚之假寐。术者辈唯啖冰雪以济饥。

《金史》卷八十二为其作传。其传云：

萧仲恭本名术里者。祖挞不也，仕辽为枢密使，守司徒，封兰陵郡王。父特末，为中书令，守司空，尚公主。仲恭性恭谨，动有礼节，能披甲超橐驼。辽故事，宗戚子弟别为一班，号"孩儿班"，仲恭尝为班使，历宫使，本班详稳。辽帝西奔天德，仲恭为护卫太保，兼领军事。至霍里底泊，大军奄至，仓卒走。仲恭母马之，不能进，谓仲恭兄弟曰："汝等尽节国家，无以我为也。"仲恭母，辽道宗季女也。辽主伤之，命弟仲宣留侍其母。仲恭从而西。时大雪，寒甚，辽主乏食，仲恭进衣并进干糗。辽主困，仲恭伏冰雪中，辽主藉之以憩。凡六日，乃至天德，始得食。后与辽主俱获，太宗以仲恭忠于其主，特加礼待。天会四年，仲恭使宋。且还，宋人意仲恭、耶律余睹皆有亡国之戚，而余睹为监军，有兵权，可诱而用之，乃以蜡丸书令仲恭致之余睹，使为内应。仲恭素忠信，

银鎏金"龙虎卫上郡大将军"契丹文、汉文对译腰牌

无反复志，但恐宋人留不遣，遂阳许。还见宗望，即以蜡丸书献之。宗望察仲恭无他，薄罚之。于是再举伐宋，执二帝以归。累迁右宣徽使，改都检点检。宗盘与宗干争辩于熙宗前，宗盘拔刀向宗干，仲恭呵之乃止。既而宗盘以反罪诛，仲恭卫禁有备，以功加银青光禄大夫，迁尚书右丞。皇统初，封兰陵郡王，授世袭猛安，进拜平章政事，同监修国史，封济王。诏葬辽豫王于广宁，仲恭请往会葬，熙宗义而许之。改行台左丞相。居无何，入为尚书右丞相，拜太傅，领三省事，封曹王。

天德二年，封越国王，除燕京留守。海陵亲为书，以玉山子赐之。是岁，薨，年六十一。谥贞简。正隆例降王爵，改仪同三司、郑国公。子拱。

《金史·萧仲恭传》虽记述生动，但对仲恭任职却失之其详，对考证其金腰牌无法提供直接证据。乌拉熙春教授对契丹小字《越国王乌里衍墓志铭》的全面翻译研究，特别是对乌里衍术里者降金后任职考证之详尽，则为萧仲恭生前所佩之金腰牌的认定提供了坚实可靠的证据，弥补了《金史·萧仲恭传》的

越国王乌里衍墓志铭（局部）

简陋。

乌拉熙春教授在《越国王乌里衍墓志铭》译文中与金腰牌有关部分大致如下：

（萧仲恭）降金后，太宗时授右院宣徽，任职少府监两年。天会十一年（1133）授骠骑大将军，实除右院宣徽。天会十四年（1136）为齐国回谢并生日正旦使。天会十五年（1137）授左金（吾）卫上将军。天眷元年（1138）除太子少师迁殿前都点检。是年制定新礼，复位品阶，太子少师任满后授龙虎卫上将军。天眷二年（1139）授银青光禄大夫。天眷三年加特进、为尚书右丞、封韩国公。皇统元年（1141）仪同三司。皇统二年（1142）开府仪同三司。皇统五年（1145）封兰陵郡王。皇统六年（1146）知某院事，膺世袭猛安，居右丞之位。皇统七年（1147）为平章政事，封郕王。皇统八年（1148）为行台尚书省左丞相，封淄王。同年拜尚书右丞相，封济王。同年复任中书令，监修国史。同年复任太傅领三省事，封郑王。天德元年（1149）迁封曹王，仍领所知之事。同年封某王，同月再封鲁王，除燕京留守。天德二年自鲁王迁封越国王。同年五月二日夜薨。（《金代契丹人越国王乌里衍墓所出金版画考》，爱新觉罗·乌拉熙春著，《爱新觉罗·乌拉熙春女真契丹学研究》117页，日本松香堂2009年2月出版）

乌里衍墓志铭证明了此汉文契丹文对译金牌确为乌里衍"天眷元年（1138）除太子少师迁殿前都点检。是年制定新礼，复位品阶，太子少师任满后授龙虎卫上将军"时，所被授予佩戴之金牌。金牌本为乌里衍墓的随葬品之一。1942年墓被盗掘后，金牌随其他被洗劫的随葬品流落民间。62年后的2006年，金牌出现在北京潘家园旧货市场的一个地摊上，被笔者以500元人民币购得。

二、乌里衍术里者金牌在金代符牌中的地位。

金代符牌制虽源自汉、唐、辽，然变异较多。金代符牌虽亦分兵符、递牌、信（官、腰）牌三类。但兵符、信牌的性质和用途却与先代发生较大变异。如兵符，辽以前多为"起军旅，易守长"（《旧唐书》卷四三《职官志二》）。而金改为"授全权，荣誉征"。金代兵符——虎符，原也用于发兵，左右勘合取信："斟酌汉唐典故，其符用虎。"其后演变为以金虎符授予一方统帅，便宜从事，成为授予全权的凭证和荣誉象征。《金史·宗浩传》记载，金章宗时"北边有警，命宗浩佩金虎符驻泰州，便宜从事"。金亡以前，金哀宗"以女鲁欢为总帅，佩金虎符"（见《金史·石盏女鲁欢传》）。又赐国安用金虎符，"便宜从事"（见《金史·国安用传》）。

又如信牌，辽以前多为"明贵贱，应征召"（《旧唐书·卷四三·职官志

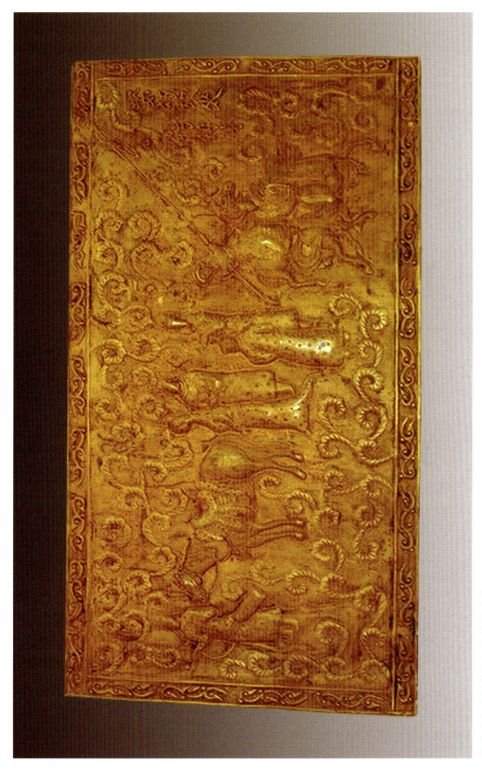

越国王乌竹里衍墓出土金版画正面

越国王乌里衍墓出土金版画背面

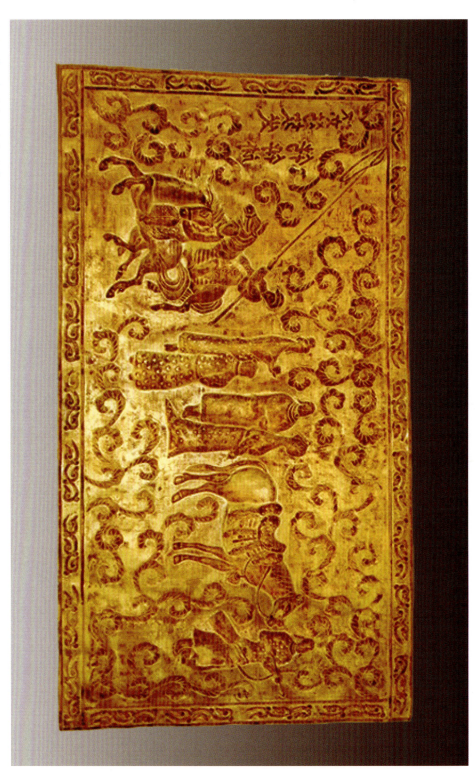

二》）。如唐代信牌——随身鱼符由朝廷与太子、诸王各执一半，契合以应征召，犹是符契之制。而金代信牌只保留了"明贵贱"一种职能。《金史·卷五十八·百官志四·符制》记：

初，穆宗之前，诸部长各刻"信牌"交互驰驿，讯事扰人。

收国二年九月，始制金牌，后又有银牌、木牌之制。盖金牌以授万户，银牌以授猛安，木牌则谋克、蒲辇所佩者也。故国初与空名宣头付军帅，以为功赏。

金初依军官官阶授牌佩戴，只存"明贵贱"，不复有"应征召"之义，进而演变为行功赏，性质和用途已大大变异。只有递牌仍保留了辽以前传符"给邮驿，通制命"的职能，坚持着付马铺传递合递圣旨文字的工作。

信牌中的金、银牌都什么样，《金史》中无明确记载，而宋代通过记录蒙古符牌间接地传达了一些金代金、银牌的信息。宋人赵珙撰《蒙鞑备录·官制》曰：

鞑人袭金虏之制……所佩金牌，第一等贵臣带两虎相向，曰虎斗金牌。

赵珙以金人降宋，为淮东都统司计议官，宋嘉定十四年即元太祖十六年（1221），去河北蒙古军前议事，同年返宋，著此书记其见闻。赵珙并未去漠北，所记多得自在燕京的传闻。所以，书中所记虽有依据但往往不尽准确，多有出入。王国维曾指出："此虎斗金牌即虎头金牌之音讹。"（王国维《〈蒙

鞑备录〉考证》）如今，乌里衍术里者金腰牌的面世，以实物证实宋人赵珙所说"（金代）第一等贵臣带两虎相向曰虎斗金牌"的话是准确无误的，而王国维所说的"此虎斗金牌即虎头金牌之音讹"的论断是无根据的。

乌里衍术里者金腰牌就是"第一等贵臣带两虎相向，曰虎斗金牌"。所谓"虎斗"，是指穿下三角形出廓部内两虎相向而斗的纹饰，纹饰为细细的线条，却形象地勾勒出两只虎立起上身面面相对前爪相抵互相厮斗的形态，生动而形象。"虎斗"而非"虎头"，王国维先生的音讹之讹着实讹在了音上。

既然史料上说"虎斗金牌为第一等贵臣所带"，那乌里衍术里者佩戴此牌时是不是第一等贵臣？牌上文字说牌主人"天眷元年（1138），任太子少师龙虎卫上郡大将军"。这"太子少师"、"龙虎卫上郡大将军"两个官职有多大？属不属金代第一等贵臣？查《金史·百官志》知，金代官阶有称"天眷制"、"天德创制"之说，"天眷元年"应依"天眷制"解释似乎才正确。查，乌里衍术里者此时官职实职为"太子少师"，"龙虎卫大将军"只是表示军职等级的武散官称。"上郡"亦称"上护军"，是表示勋级的名称。

"太子少师"为金朝东宫之官职，居正三品，其职责为"掌保护东宫，导以德义"。"龙虎卫上将军"为金朝武散官职，居正三品上（同列正三品的

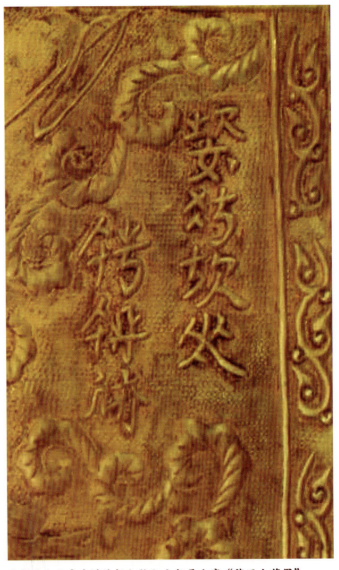

金版画右上方靠近边框之处阳文契丹小字"诸卫小将军"

还有金吾卫上将军中、骠骑卫上将军下）。"上郡"是勋级，是正三品上将军之首意。"龙虎卫上郡大将军"应与"龙虎卫上护军上将军"同出一义，更妥靠些。

据此可以认定，此"官牌"主人乌里衍术里者当时任东宫武职首领，官居正三品。金代武职正三品为武官最高等级，一、二品官皆用文资（行政管理资格）。"龙虎卫上郡大将军"再升迁，就要靠是否有帅才才行。正三品相当于当代正部级，比金初"万户"级别还要高一些，是金代真正的"第一等贵臣"。乌里衍术里者在当时已成为"第一等贵臣"，所以能佩戴"虎斗金牌"。

"虎斗金牌"是正三品以上官员佩戴。一、二品官的"虎斗金牌"与三品官的腰牌有何区别，《金史》未载，实物未见，只能据"袭金虏之制"的元代符制去推测。《元史·卷九八·兵志一》曰：

万户佩戴的金虎符（虎斗金牌）嵌入明珠，又分为三等，有三珠、两珠、一珠之别。

乌里衍术里者金牌实物的发现，证明金代"虎斗金牌"无此嵌珠之制。

日本箭内亘《元朝制度考》提出：

金符似有二种，一金制，一银符镀金者。（箭内亘《元朝制度考》，中译

本，164页）

结合乌里衍术里者金牌实物推而析之，金代"虎斗金牌"亦应有"金制与银镀金二种"。金制"虎斗金牌"至今未见面世，银鎏金"虎斗金牌"也只见此乌里衍术里者墓葬出土之一品。

从以上分析可以知道此乌里衍术里者银鎏金"虎斗金牌"，是目前已知面世的金代最高级别官员所佩之腰牌，其珍贵之处更在于牌之主人身世履历已经彻底弄清，使得金牌的历史佐证价值、考古价值、艺术价值、经济价值都大幅度提高，成为考证金代官制、符牌制度，验证辽金名臣乌里衍术里者历史的重要而可靠的实物。

元代八思巴文虎头职官牌

附一：乌拉熙春教授给裴元博09.6.13的电子信函

裴先生：

您好。接到金适老师转来的贵函及图片，多谢。

正反面镌刻契丹小字与汉字的圆牌，出土自乌里衍术里者墓葬（墓葬详情请参见中国《文物报》所载《专家破译金版画》一文，马小姐的藏品即出自同墓）。但汉文一处意译有问题，其原因尚需考察。

另外一件正反面镌刻契丹文字和女真文字的方形牌，甚感别致。迄今为止我所见过的文物，尚未有两种文字混合出现于一件器物上之例。契丹语与女真语系属不同，混合文字便不太可能构成其中一种语言的语法形式。是否仅用以装饰目的，尚难以断言。

专此拜复。很荣幸拜识先生，望今后多加赐教为盼。

乌拉熙春 敬上

2009.6.13

附二：著名钱币学家李卫先生关于"官牌"一事的复信

元博学兄台鉴：

遵嘱对"官牌"进行了一番考证，因相关史料缺乏，尚有不尽人意之处，仅供撰文时参考一二。

一、关于"官牌"。

此牌系金天眷之后的身份官牌，一面为汉字，一面为契丹小字，属对应双语；均作楷书。因契丹小字书写缘故，其字序与对应汉字略有差异（未能一一对上），但文意完全相同。金朝初，汉字与契丹字均属官方文字，是故，似不分正面或背面论述为妥（如称一面或另一面）。

二、关于"文字"。

据查"天眷元年"应为金代立官制的一个时间点，《金史》本志官阶有称"天眷制"，"天德创制"之说，可证"天眷元年"为"天眷制"的解释似乎可信。

"太子少师"为金朝东宫之官职，属正三品；其职责为"掌保护东宫，导以德义"。"龙虎卫上将军"为金朝武将官职，居正三品上

（同列正三品的还有：金吾卫上将军中、骠骑卫上将军下）；弟以为牌中的"上郡"文义应是正三品武职之首意，属于"虚用之词"；是故，"龙虎卫上郡大将军"应与"龙虎卫上将军"同出一义，更妥靠些。

据此可以认定此"官牌"应属东宫武职首领所佩戴之证物。至于最终能够具体落实到何人身上，因目前无详细资料断难查找，只能留下遗憾了。

另外，裴兄如能将官牌金属材质做个查验分析，一一列出成分来，相信文章会更具价值。

学弟 李卫

2009.6.9

两面萧仲恭契丹文职官银腰牌考

乌里衍术里者，汉名萧仲恭，辽末金初著名的军事将领，前面已对其墓中出土的银鎏金"虎斗金牌"进行了考证，这两面金代契丹文职官银腰牌也属于他，是萧仲恭的早期腰牌。

这两面银腰牌均呈圆形，上廓加三角形出廓穿挂，通高约110毫米，圆径75毫米，三角形穿挂高约29毫米，底角宽约48毫米，厚约1.4毫米，重约70克。三角形出廓穿挂正面和背面内边廓线及勾连纹中间，各铸一个既不像人、也不像鬼的头像和一只像动物爪子似的手状物。正面圆廓内横着阴刻三行（上二、中三、下二）大小不一的契丹文。两面牌最上行二字均按先左后右读为"契丹"，中、下两行应合为一体，按先上后下、先右后左顺序读。一面牌汉译读为"尚书右丞相"，另一面牌汉译读为"骠骑大将军"。

两面牌背面圆廓内均阴刻一条前半身直立、身尾在头上端作圆弧状的横卧E形龙。

这两面腰牌，整体制作粗陋，雕刻技法低劣。按金代符牌制度规定，三角形出廓穿挂内应雕刻虎头或虎斗图饰，不知是时间紧迫还是工匠技艺太差，虎头竟被刻成了这个模样。用双钩文阴刻的契丹文字大小不一，结构失常，笔画拙稚，完全像文盲摹写出来的所谓的文字。

"尚书右丞相"是金代高官，是国家行政中枢尚书省长官尚书令的副手，级别为从一品。职责为协助尚书令"掌丞天子，平章万机"（《金史·百官志一》），为当朝宰相之一。

"骠骑大将军"是金代武散官职之一，正三品，是作战时对领兵将领加赐的称号，战后即撤消。

这两面银牌有个共同的区别于以往

金代契丹文"契丹尚书右丞相"银牌

发现的金代所有职官腰牌的地方，就是牌面均标有持牌人民族名——契丹。这种做法的真实意图是什么？是褒奖还是歧视，没有任何史料可资佐证或探索，是一个未解之谜。

从牌子制作的粗劣情况看，这两面牌子应是临时应急代用牌，不是正式颁发之牌。它可能是在朝廷任命当天即行颁发，用于正式牌子下发前这短暂时期，是临时牌，即所谓的"空名宣头"。《金史·百官志四》符制载：

收国二年（1116）九月，始制金牌，后又有银牌、木牌之制。盖金牌以授万户，银牌以授猛安，木牌则谋克、蒲辇所佩者也。故国初与空名宣头付军帅，以为功赏。

为什么认为此二牌是金代萧仲恭的职官牌呢？

第一，这两面腰牌的形制只有金代具有，辽、西夏、元没见此形制；第二，在金代，契丹人做到尚书右丞相的仅萧仲恭一人；第三，两个官阶悬殊的职官牌同时出土于一个地方，说明它们的主人应是同一个人，官阶悬殊仅说明两面牌获得的时间不同；第四，临时牌的制作粗劣和不符规制应是有意为之，以强调它的临时性，进一步衬托正用牌的精致美观。

关于萧仲恭，前面已有详细介绍，这里不再重复。仅就和此二牌有关情况略作考释。

据《金史》载，萧仲恭和天祚帝是

金太宗天会三年（1125）二月壬戌被俘于余睹谷，八月被押解至京师，丙午，天祚帝被降封为海滨王。萧仲恭应于此时降金。《越国王乌里衍墓志铭》说他"降金后，太宗时授右院宣徽，任职少府监两年"。《金史·卷八十二·萧仲恭传》亦云：

太宗以仲恭忠于其主，特加礼待。

这个"授右院宣徽，任职少府监"应就是金太宗对萧仲恭的"特加礼待"。

右院宣徽即宣徽院右宣徽使的简称，本是个正三品的官。但萧仲恭这个右院宣徽头上有个"授"字，所以只等于"同知宣徽院事"正四品的官。而他"任职少府监两年"正是以正四品官任职。宣徽院是掌皇宫宴享和殿廷礼仪的机构，少府监是掌邦国百工营造之事的单位，说明萧仲恭此时虽被礼待但并没受重用。天会四年（1126），仲恭使宋。他应是天会四年二月壬子离开金上京赴宋汴京的，《金史》未记他是正使还是副使，只记他七月丙寅使宋还，"以所持宋帝与耶律余睹蜡书自陈"。天会十一年（1133）授骠骑大将军，实除右院宣徽。此时才真正成为正三品官。他这面"骠骑大将军"银牌应正是此时获得。

此后，萧仲恭开始步步高升。

天会十四年（1136），为齐国回谢并生日正旦使；天会十五年（1137），授左金（吾）卫上将军；天眷元年（1138），除太子少师迁殿前都点检。是年制定新礼，

金代契丹文"契丹骠骑大将军"银牌

复位品阶，太子少师任满后授龙虎卫上将军。天眷二年（1139），授银青光禄大夫；天眷三年（1140），加特进为尚书右丞，封韩国公；皇统元年（1141），仪同三司；皇统二年（1142），开府仪同三司；皇统五年（1145），封兰陵郡王；皇统六年（1146），知某院事，膺世袭猛安，居右丞之位；皇统七年（1147），为平章政事，封郇王；皇统八年（1148），为行台尚书省左丞相，封淄王。同年拜尚书右丞相，封济王。同年复任中书令，监修国史。同年复任太傅领三省事，封郑王。天德元年（1149）迁封曹王，仍领所知之事。同年封某王，同月再封鲁王，除燕京留守。天德二年自鲁王迁封越国王。同年五月二日夜薨。（《金代契丹人越国王乌里衍墓所出金版画考》，爱新觉罗·乌拉熙春著；《爱新觉罗·乌拉熙春女真契丹学研究》117页，日本松香堂2009年2月出版）

萧仲恭在皇统八年（1148）拜尚书右丞相，这一年他三变王封，五进官职，仕途达到了顶峰。因为他是金熙宗的心腹大臣，所以累进官职。等到海陵王弑杀熙宗后，他的末日就即将到来了。萧仲恭自己虽得到了善终，他的儿子萧拱却难逃被杀的命运。

萧仲恭在一年中屡变官职，所以他屡换官牌，这也造成了有关他的临时职官牌的屡换屡刻，这恐怕是他的这两面临时职官牌得以流传至今的重要原因。这里要说明的是金代职官牌是"明贵贱"的重要凭证，符制中的"金牌以

金熙宗完颜合剌半身像

授万户，银牌以授猛安"大约都没有兑现，因为至今只发现一枚金牌而且是加封爵位和散官的，实职三品以上应佩的金牌一枚没见。而这枚"尚书右丞相"临时银牌，是目前已现身于世的金代符牌中，实职官员里的最高官阶。

《金史》中任过"尚书右丞相"的有数十人，与萧仲恭前后或同时的也有数位，除萧仲恭外都是女真人，至此可以破解牌上"契丹"二字之谜了。原来它是区别同时担任同一职人员的民族标识，并不存在歧视与差别。两面银牌虽然粗陋，亦不像正用职官牌，但它们的现身于世，同样证明了一段鲜为人知的金代历史，为人们更真切地认识萧仲恭其人起到了不可替代的作用。

契丹文"封越国王昭武大将军"金牌之谜

这是一面圆形契丹文职官金牌,含金量88%。直径84.6毫米,通高90.57毫米,挂纽高5.3毫米,挂孔径0.71毫米,厚4.31毫米,重232.8克。从形制上看,不像是辽代之物——辽代"职官牌"罕见圆形者,除早期个别小型"职官牌"偶见圆形外,大型圆形金牌尚未发现。从纹饰风格看,无论所装饰的弦纹、蔓草纹的繁复设计,还是元宝纹、双龙纹的写实风格,都与辽的抽象简洁、雄浑粗犷的特征有明显区别,而与前此发现的"南京留守"、"骠骑大将军"银牌似出一手。

牌上文字为契丹小字。按金代书写习惯,牌面文字先左后右、先上后下直译汉文为"越国王封昭武大将军天德二年",整理后应为:"封越国王昭武大将军天德二年。"牌背文字,按上下读序汉译为:"同圣兵令。"

牌上所镌两个官职,在辽代是不可同列一牌的官职。"越国王"在辽代是大国封爵要职,非皇室至亲和战功至伟的一二品高官不能封至此爵;"昭武大将军"只是武散官四品虚衔。两官职品级悬殊,但同列在一面牌上,实在让人匪夷所思。

契丹文"封越国王昭武大将军"金牌

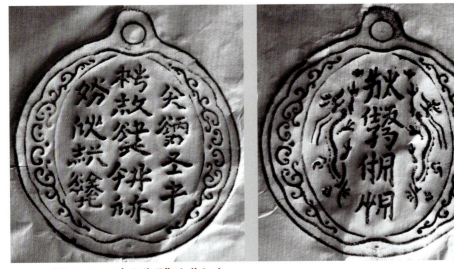

契丹文"封越国王昭武大将军"金牌拓片

既然不会是辽代的职官牌，那么是金代的吗？

金承辽制，但金人据本族理解多将辽制予以改变。而且在金国初期，常发生赏功随意的情况。据此，初步断定此金牌不是辽代符牌，而是一面金代的"职官牌"。

在金代，"职官金牌"是授予三品以上高官"明贵贱，表身份"佩戴的腰牌。如是金代"职官牌"，这将是目前已知的唯一存世的一面金代纯金"职官牌"。

《金史·卷五十八·百官志四》"符制"条记：

收国二年（1116）九月，始制金牌，后又有银牌、木牌之制。盖金牌以授万户，银牌以授猛安，木牌则谋克、蒲辇所佩者也。故国初与空名宣头付军帅，以为功赏。

这说明在金代建国初期，金牌的赏功功能是第一位的，"明贵贱，表身份"属第二位。

"天德"是金海陵王完颜亮弑杀金熙宗后所建的第一个年号。天德二年（1150），正是完颜亮大肆诛杀金太宗、金熙宗亲信以及和他一起弑君的同伴之时，史上仅见他封赏萧仲恭一人为"越国王"的记载。不过，萧仲恭在天德二年不可能被封为"昭武大将军"。因为他早在五十二岁（1141）时就已经被封为正三品龙虎卫上将军。天德元年（1149），萧仲恭任职的太傅、领三省事实职为正一品宰辅高官，他怎么会又被封为正四品上"昭武大将军"呢？由此来看，萧仲恭绝不可能是金牌的主人。

谁可能是金牌的主人呢？经综合《金史》及有关墓志等资料分析，天德二年唯一有可能拥有此金牌的人只有萧仲恭之子萧拱。

萧拱，契丹名迪辇阿不，萧仲恭独

子，生年不详。皇统六年（1146），世袭兰子山猛安之职；皇统九年（1149）三月，经时任太保、领三省事的完颜亮举荐，被授为尚书省礼部侍郎。同年十二丁巳，完颜亮等人弑金熙宗，完颜亮登基为帝。己巳，改皇统九年为天德元年。癸酉，太傅、领三省事萧仲恭罢官，旋改任燕京留守，封鲁王。天德二年（1150年）初，迁封越国王。

萧拱在这一年初，亦应被封为"南京留守"、"昭武大将军"，随即奉命送妻妹耶律弥勒自汴梁（金南京）赴金上京入宫作妃。

《金史》中是这样记载他的一生的：

萧拱，本名迪辇阿不，初为兰子山猛安。海陵为宰相，徼取人誉，荐大臣子以为达官，遂以拱为礼部侍郎。

耶律弥勒，拱妻女弟也，海陵将纳为妃，使拱自汴取之。

还过燕（应为四月中旬），是时仲恭为燕京留守，见弥勒身形不类处子，窃忧之，曰："上多猜嫌，拱其及祸矣。"拱去不数日，仲恭卒（五月二日）。拱至上京，闻讣，以本官起复，佩信牌，往燕京治葬事（九月十九日安葬）。未行，弥勒入宫，果如仲恭所相度，即遣出宫。夜半召拱至禁中，诘问无状。海陵终疑之，乃罢拱礼部侍郎（应为错记，年初拱已迁南京留守，不再任礼部侍郎），夺其信牌。拱待命，逾年不报，归兰子山治猛安事。

是时，萧拱、张九坐语禁中事得

罪，拱至兰子山，与客会语及之。有阿纳与拱有隙，乃诬拱言张九无罪被诛，语涉怨谤。海陵遣使鞠之，戒使者曰："此子狂妄，宜有此语，不然彼中安得知此事。"使者不复问拱，但榜掠其左验，使如告语证之，拱遂见杀。

这段话中疑点颇多。萧拱到达上京，听到父亲死讯，本应立即办理"丁忧致仕"（请丧假守孝），可《金史》却记为以本官起复，佩信牌，往燕京治葬事。这是怎么回事呢？笔者曾认为是以萧拱本官"南京留守"起复，现在看来是分析错了，是"子官父戴了"。萧拱没有"致仕"，何来"起复"？这句以本官起复，佩信牌，现在看来应理解为将原属萧仲恭的爵位赏给了他的儿子

金海陵王完颜亮半身像

萧拱，佩相应信牌，往燕京治葬事。这样做既赏赐了万里送佳人的萧拱，又显示了对故去老臣遗孤的钟爱和呵护，又赢得了美人的芳心。真可谓一箭三雕的美事。这面契丹文"封越国王昭武大将军"金牌，恐怕就是海陵王在这种心理下赏封给萧拱的。牌背的"同圣兵令"的话，应是表明"此项封赏如同皇上下达的调兵命令"。

萧拱还没来得及出发治丧，小姨子不是处女的事就败露了，海陵王夜半召拱至禁中，诘问无状，终疑之，乃罢拱礼部侍郎（错记），夺其信牌。不过，罢的应不是礼部侍郎，而是"越国王"、"昭武大将军"、"南京留守"三职。夺的信牌应就是这面"越国王昭武大将军，同圣兵令"金牌。

据《越国王乌里衍墓志铭》载：

天德二年岁次庚午九月，是月十九日，乌里衍术里者之妻越国妃南睦散、子侍郎迪辇阿不送殡于家族墓地曷鲁里山、镌刻墓志铭，下葬。

这证明萧拱在罢官夺牌后，不久就回到燕京，完成了为父亲送殡下葬的事。墓志铭中说"子侍郎迪辇阿不"的"侍郎"，不知是恢复的官职，还是习惯的称呼？或是根本没罢官，仅罢了爵位（越国王）加官（昭武大将军）特进（南京留守）？虽真实情况已不得而知，但笔者相信墓志铭记载比《金史》要更真实可靠。

据《金史·后妃传》：

弥勒出宫数月，复召入，封为充媛。

这里的数月不知是多少时间？是致

辽契丹文"昭武大将军记"金印

萧拱死前还是死后？从《越国王乌里衍墓志铭》看，似应在拱送葬之前，即在天德二年九月之前，如在拱被杀的天德三年十月己巳之前，就不是数月，而是一年有余了。

萧拱的命运是悲惨的，他的次妻、弥勒的女儿择特懒在拱死后，被海陵王强许秘书监文某为妻，旋即诱入宫中，与母女俩共同淫乱。弥勒虽被封为柔妃，仍不过一个性工具而已。

契丹文"封越国王昭武大将军"金牌的发现，纠正和补充了《金史》的缺失和错讹，以实证揭露了海陵王荒淫无耻的史实，其历史、文物价值是独特的。

契丹文"南京留守昭武大将军"腰牌考

笔者藏有一面貌不招人喜爱、质不惹人关注的契丹文铜腰牌。牌呈圆形，加元宝形挂托及环叠铸状，通高89.88毫米，圆牌径74.97毫米，元宝形挂托宽25.24毫米、高12.34毫米，挂环外径9.58毫米、内径4.18毫米，牌厚1.95毫米，重65.6克。牌面铸有7毫米宽的边缘，边内的四隅以四丛蔓草纹将牌面竖分为三部分，右左侧两部分分别镌两个契丹小字，中间镌五个契丹小字，经翻译，知其汉意为："南京（右两字）留守（左两字）昭武大将军（中五字）。"

和前面所说的"封越国王昭武大将军"金牌一样，"南京留守"与"昭武大将军"在辽代是不可同列一牌的官职："南京留守"是一品要职，"昭武大将军"只是四品虚衔武散官。由此可以断定此牌绝非辽代符牌。不是辽代的，是不是金代的？查《金史》，金代诸京留守是正三品，同知留守是正四品，与正四品的昭武大将军平级或稍高，两官职同列一牌，这就说得通了。

按前面所引《金史·卷五十八·百官志四》"符制"条记，金代初年授牌主要为赏功。按理说，正四品的"南京留守昭武大将军"应该享受金牌或银牌的待遇，为什么竟颁给了一面铜牌呢？笔者仔细地观察，发现此铜牌厚锈下面竟隐藏一些鎏金。经高倍放大镜显示，原来此铜牌竟是一面铜鎏金牌。至此，关于此牌本身的迷雾始完全散去，此牌主人最高官职为正三品"南京留守"，是以武散官正四品"昭武大将军"升任此职的。所佩官阶牌是三品以上官里品级最低的铜鎏金牌。三品以上所佩金牌也分等级，除铜鎏金牌外，其他应还有一二品的银鎏金牌、亲王级的纯金牌。

这面铜鎏金牌在笔者藏品中虽不起眼，但笔者却百倍地珍惜它，不时地拿出它细心把玩，透过斑驳的锈色，仿佛看到八百六十多年前中国北方大地上，契丹人和女真人演出的一

契丹文"南京留守昭武大将军"腰牌

幕幕波澜壮阔、惊天地泣哭神的历史剧。而这面铜鎏金腰牌就是这段史实的见证，牌的主人就是这出历史悲剧的主角。

这面铜鎏金腰牌早年出土于河北省兴隆县阎家杖子乡辽金时代萧家家族墓地。这里曾出土了萧仲恭等萧家名人墓志，经与《辽史》《金史》《墓志等石刻文字》检索查对，笔者认定这面铜鎏金腰牌的主人应就是萧仲恭的儿子迪辇阿不，汉名萧拱。因为只有他的经历，在兴隆萧家中才能与牌上所记官职发生密不可分的联系。

萧拱短短的一生，充满了血泪和苦涩。他有过昙花般短暂的幸运，也有过一个权势炙手可热令人羡慕的家庭。转瞬之间，一段难于启齿的宫闱绯闻，把

他从天堂打下阴森恐怖的地狱，最后还因自己不严的嘴巴失去了脑袋。

这个悲剧发生在金代海陵王时期（1149－1151），剧中可怜的主角就是这面契丹文"南京留守昭武大将军"铜鎏金腰牌的主人萧拱。

萧拱之父萧仲恭契丹名乌里衍术里者，声名显赫，《辽史》载其事迹，《金史》有其传记，两朝都称誉他为忠信之士。他出身名门，祖、父都曾位列三公，辽代曾任宗室孩儿班班使、宫使、本班详稳，天祚帝护卫太保。金灭辽时，在随天祚帝西逃路上，风雪中他把外衣和干粮都给了天祚帝，自己以雪团棉絮充饥。天祚帝困乏，他跪伏在冰雪中让天祚帝倚靠以憩，六天始终如一。

金代鱼符

降金后，任右宣徽使、都点检、太子少师龙虎卫上将军、银青光禄大夫，迁尚书右丞，封韩国公。皇统元年（1141）仪同三司。皇统二年（1142）开府仪同三司。皇统五年（1145）封兰陵郡王。皇统六年（1146）知某院事，膺世袭猛安，居右丞之位。皇统七年（1147）拜平章政事，封郕王。皇统八年（1148）改行台尚书省左丞相，封淄王。同年拜尚书右丞相，封济王；同年复任中书令，监修国史；同年复任太傅领三省事，封郑王。天德元年（1149）迁封曹王，仍领所知之事。同年封某王，同月再封鲁王，除燕京留守。天德二年（1150），自鲁王迁封越国王。同年五月二日夜薨。

出生在这一显赫家庭的萧拱，自小锦衣玉食，只要不命短，等待他的就是仕途通达。然而他生不逢时，偏偏遇上了空前绝后的荒淫暴君海陵王，在一场悲剧中失去了生命。《金史》对其事迹进行了记载，前面已经叙述。萧拱被杀的主要原因竟然是因为小姨子不是处女。按说小姨子是不是处女，应和其姐夫无关。况且，海陵王所霸占的萧拱的后母、兄嫂、弟媳、侄女，无一处女，但他都尽情享用，萧拱小姨子是不是处女本应无所谓。但这回海陵王不知中了什么邪，竟盯死了萧拱，先夺官收信牌，再使人诬告，伪造证据，杀之而后快。

萧拱死了，他是不幸的。然而，他又是幸运的。其信牌重现人世，作为他不幸人生的物证，将永远地向人倾诉他的悲惨遭遇，讲述那过去的故事……

金代将军和武士

两面契丹文金代银腰牌浅释

这是两面金代契丹文腰牌，制作精美，用材考究。牌上各有四个契丹小字，为楷体，书法雍容而华美，气势雄浑而刚健。均按右上右下左上左下序读。一面汉译为"南京留守"，一面汉译为"骠骑将军"。

"南京留守"圆牌直径96毫米，穿钮高20毫米，厚1毫米，重89.16克；"骠骑将军"圆牌直径91毫米，厚1.5毫米，边到凸出最高点为4毫米，钮高9毫米，钮宽7毫米，内孔最大径4.2毫米，重91.8克。

断其为金代腰牌的根据是：

第一，材料为金代所特有的银铜合金，冶炼精致，银铜含量大致相等，银稍多些。材质细腻润泽，铸品光滑无铸痕，少见生绿锈者，多见黑褐色包浆，沉稳老道。其材非含锡"白铜"，辽代不见此种铸材，据验证，此牌不应称作"铜牌"，而应称作"银牌"。

第二，工艺精湛，风格与辽代粗犷拙朴的时代特征不类。其背打磨光洁如镜，这种工艺在金代屡见不鲜，可在辽代却不见踪迹。有些所谓的鉴定专家往往把一种面有图案背刻字的铜腰牌误断为铜镜，就是因为不了解金代腰牌制作

金代契丹文"南京留守"银腰牌

工艺所造成的。被国家定为一级文物的金代"上京鞋火千户铜牌"就曾遭遇这种噩运，被质疑为铜镜。

其穿挂之穿钮制作之别致亦为辽代所没有。一为活钮，为一铜合金环铆嵌而成，高贵典雅。另一穿钮为直接铸在缘上，实用而朴拙。两穿钮工艺之差别亦暗示着牌上官职品级的高低。

第三，牌上契丹文为契丹小字，一面汉译为"南京留守"，一面汉译为"骠骑将军"。金代南京是指今河南开封，原来是北宋都城汴京，后被金国占领，贞元元年（1153）更号"南京"，由此可知此牌铸制时间上限为1153年。"留守"为金代承辽所设"五京"最高军政长官，正三品，任本府尹兼本路兵马都总管。

"骠骑将军"，全称为"骠骑卫上将军"，是武散官正三品下等之衔，是表示武将官阶的虚衔，作战时对领兵将领给予颁加，战后即撤销。武散官之设是金熙宗"天眷改制"的结果，时在天眷元年（1138）。其牌铸造上限应在1138年后。契丹文自金初使用，至明昌二年（1191）下诏罢黜，共使用76年。自此知二牌铸造下限为1191年。

二牌材质相同，工艺相近，时代特征相似，文字书法风格雷同，相信二牌铸制时间不会相差许多，应是同时代，即金海陵王贞元元年至金章宗明昌二年（1153－1191）期间的产物。这期间约有六七位南京留守和一两位骠骑卫上将军，但由于无资料可供验证，所以目前无法确认这两面牌子当时的主人。

金代契丹文"骠骑将军"银腰牌

金代符牌的形状，大致有两类。一类是圆牌，一类是长牌。契丹、女真符牌及驿传制度都是直接或间接地继承了汉文化的传统。早在先秦时代，诸侯国已有兵符之制，以取信于兵将调遣。历秦汉至隋唐而有所发展。《旧唐书·卷四三·职官志二》记符宝郎掌管的符牌有三类：

铜鱼符：起军旅，易守长。传符：给邮驿，通制命。随身鱼符：明贵贱，应征召。符分三种，太子玉符、亲王金符、庶官铜符。

辽朝建国，多承唐制。《辽史》卷五七《仪卫志三》"符契"条记有两类：金鱼符，用于"发兵"；银牌，"授使者"、"给驿马若干"。王易《燕北录》释为"执牌驰马"。银牌即唐之传符，《宋史·卷一五四·舆服志六》"符券"即称"唐有银牌，发驿遣使"。王易《燕北录》另记有"长牌有七十二道，上是番书敕走马字。用金镀银成。见在南以（内）司收掌"，用于使臣取索物色及进贡，带在腰间。

金朝定制，有较多的变易。《金史·卷五八·百官志四》"符制"条记：

收国二年九月，始制金牌，后又有银牌、木牌之制。盖金牌以授万户，银牌以授猛安，木牌则谋克、蒲辇所佩者也。故国初与空名宣头付军帅，以为功赏。

递牌，即国初之信牌也，至皇统五年三月，复更造金银牌，其制皆不传。

唐代随身鱼符由朝廷与太子诸王各执一半，契合以应征召，犹是符契之制。金初依军官官阶授牌佩戴，只存"明贵贱"，不复有"应征召"之义，而演变为行功赏。

另有递牌，付马铺传递合递圣旨文字。又有虎符，原用于发兵，左右勘合取信，"斟酌汉唐典故，其符用虎"。其后演变为以金虎符授予一方统帅，便宜从事，成为授予全权的凭证和荣誉象征。《金史·卷九三·宗浩传》记金章宗时"北边有警，命宗浩佩金虎符驻泰州，便宜从事"。金亡以前哀宗"以女鲁欢为总帅，佩金虎符"（见《金史·卷一一六·石盏女鲁欢传》）。又赐国安用金虎符，"便宜从事"。

金制，设符宝郎掌金银牌，设符宝局司铸造储藏。

从以上论述可知此二面契丹文腰牌即是金代"依军官官阶授牌佩戴，只存'明贵贱'，不复有'应征召'之义"的官员佩戴的圆牌。而且是"至皇统五年三月，复更造金银牌，其制皆不传"的三品官员佩戴的圆形银牌。它们和金代其他金银牌的认定和考释，证实了唐、辽、金代，亲王、王、一二品官员佩金牌，三至五品官佩银牌，六品至九品官佩铜牌，无品阶人员佩铁牌制度的真实可信。

附四：金代主要职官隶属简表

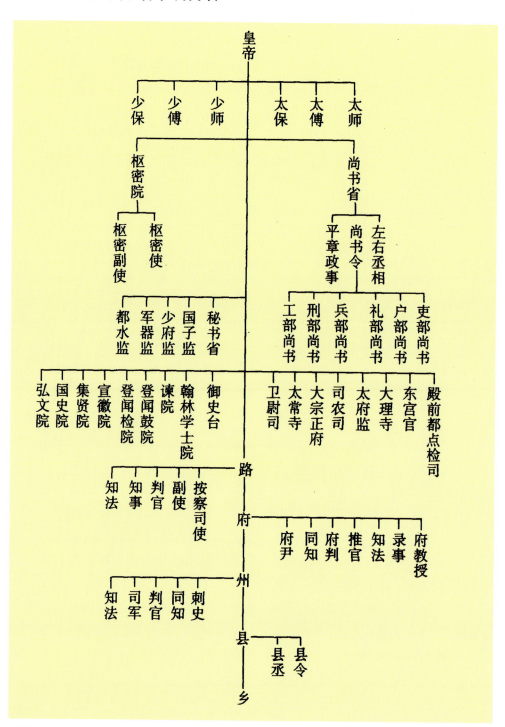

皇帝

少保　少傅　少师　太保　太傅　太师

枢密院　尚书省

枢密副使　枢密使　平章政事　尚书令　左右丞相

都水监　军器监　少府监　国子监　秘书省　工部尚书　刑部尚书　兵部尚书　礼部尚书　户部尚书　吏部尚书

弘文院　国史院　集贤院　宣徽院　登闻检院　登闻鼓院　谏院　翰林学士院　御史台　卫尉司　太常寺　大宗正府　司农司　太府监　大理寺　东宫官　殿前都点检司

路

知法　知事　判官　副使　按察司使

府

府尹　同知　府判　推官　知法　录事　府教授

州

知法　司军　判官　同知　刺史

县

县丞　县令

乡

如何鉴定契丹赝品符牌？

河北一位朋友发来一面"面鎏金观音背阴刻契丹大字"符牌让我鉴定，这本是面"一眼假"的低劣赝品，原只想告诉朋友此牌假的破绽就算了，没想著文论述。可是几天来，不断有人来电话发邮件让我鉴定符牌，而多数符牌又都是假的，这不得不使我重新考虑著文的事。从目前的情况看，朋友们确实急需恶补北方少数民族符牌知识，掌握基础鉴别技能。如再不及时传授这些基础知识，上当受骗的朋友将会越来越多。为此，我放下手中写书的活，赶写出这篇小文以应急，但愿它能给喜欢辽金西夏元符牌的朋友起到些许点拨作用，让大家少花点冤枉钱，吾愿足矣。

一、必须要掌握的符牌知识

1. 要信书而不迷信书，要信专家而不迷信专家，要信出土实物而不迷信出土实物。因为实践证明出土符牌的实际情况与《辽史》《金史》《西夏史》《元史》等史书记载大相径庭、差之千里。但书上确实提供了许多有益的鉴别知识，不可不看。符牌和钱币一样是多学科知识的载体，单一学科专家鉴定不了它们，但每个学科专家的知识对鉴别符牌钱币又都是须臾不可离。有准确出土地点、时间，特别经科学考古发掘的

赝品观音背契丹大字铜鎏金牌正面

符牌，绝大多数是可信的，是可以作为鉴定的标准器的，但要防止出土物中后代仿臆造前朝的假文物混入。

2. 掌握符牌基本知识。按形制分，有长条形、长方形、正方形、圆形，以及在上述三形外缘附加装饰穿挂的符牌。辽代符牌以长条形、长方形、正方形为主，圆形很少；金代符牌职官牌以圆形为主，长方形稍少；西夏以小方形、长方形、圆形为主；元代符牌以长

方形、圆形为主。按材质分，有金、鎏金、银、铜、铁、木等符牌。辽代金、鎏金、银牌最多；元代次之；金代再次之；西夏只见银、铜牌，未见金牌。按用途分，有敕命牌、职司牌、职官牌、宗教护身符牌、殉葬牌。辽代符牌最丰富，职司、职官牌发现最多；金代职

官牌发较多；西夏职司牌较多；元代敕命、职官牌较多。按工艺分，辽西夏更多铸造，金元压板雕刻较多。按文字分，辽面多阳铸，背阴刻多；金多阳铸阳刻，阴刻文极少；西夏元多阴刻。

二、辨别真假符牌要点

1. 违背符牌基本规律者要警惕。如发现圆形契丹文牌，如不是金代的，假的可能性大。如发现金质西夏文牌，那多为赝品。再如发现金代阴刻文牌，如没有其他佐证，基本可以确定是赝品。

赝品观音背契丹大字铜鎏金牌背面

2. 文字不连贯不成文，没其他佐证，基本可定为赝品。文字内容来自墓志铭者，如非殉葬牌，都假。阴刻契丹大字特别要警惕，如发现来自墓志铭成句者必假。错字、怪字、多笔画字，如超过全文10%，必假。

3. 图画、纹饰、人物粗糙，比例失调，不成形者，必假。

这里是笔者近年收藏符牌的一点心得，在这里抛砖引玉，以期引起众朋友的重视。

赝品观音背契丹大字铜鎏金牌背面铭文（局部）

赝品契丹文符牌例证析解

近几年随着契丹文物的大量出土，雨后毒蘑菇般的契丹文物赝品铺天盖地涌来。由于改革开放前人们很少接触契丹文物，契丹历史又被历代汉族文人歪曲得不成模样，所以人们对契丹文物不仅懵懂浑噩，而且简直是无知。尤其对写有契丹文的文物更是顶礼膜拜，一律视为神物。结果造成目前假契丹文物可以堂而皇之地在各艺术品市场、拍卖场上大行其事，使造假集团捞了个盆满钵满。赝品的充斥，鱼目混珠，使契丹文物在市场上真假难辨，鉴别无方，不仅使一般爱好者上当连连，就连一些著名的契丹文字专家、历史学家、钱币杂项收藏家也被骗得血淋淋浑身是伤。

面对市场上契丹文物赝品的泛滥，收藏界、鉴定界出现了两个极端，一是一言以蔽之曰：全是假的！对所有契丹东西都畏之如虎，闻之色变，国宝也好，珍品也罢，一律拒绝鉴真辨伪，一概以赝品对待。结果把无数奇珍异宝逼出了国门，流落他乡，便宜了那些大鼻

契丹文银钻金腰牌（赝品）

子小鼻子白皮肤红皮肤。

　　另一种情况是盲目自信，认为绝学无人能掌握，只要上边写有契丹文字的必是真品。他们逢契丹字器物即购，特别对拍卖场上经过所谓专家鉴定过的契丹文器物，更是趋之若鹜，慷慨解囊，大掏腰包。结果把众多契丹文赝品收入囊中珍藏，便宜了造假集团的老板、专家及大大小小的经纪人。

　　出现上面两种情况的原因，是目前我国缺乏对北方少数民族契丹、女真、党项、蒙古的文字、历史、典章制度及器物形制、时代及地域、民族特征等都有所了解的综合型人才造成的。这就给造假集团造成了可乘之机，他们现在制造的高档赝品大多是把几个朝代的特征捏在一起的复合型假货。这种赝品的特点是最不怕单项专家，只要他仅是一两

银鎏金契丹文腰牌背面（赝品）

个门类的专家，那怕是最顶尖的专家，他百分之百地会上当。因为面前的假货里，他所熟悉的门类肯定符合真品的特点，加上专家与生俱来的固执与自负，没有一个单项专家会不"走眼"。

特别在近几年兴起的收藏拍卖契丹文符牌的潮流中，这种复合型赝品被某些收藏家、鉴定家、文字学家看"走眼"当作真品、精品、珍品的现象比比皆是，惨不忍睹。下面笔者就以朋友推荐的两枚网上知名赝品符牌为例，解析

一下为什么说它们是赝品，和专家们"走眼"的原因。

第一件藏品来自于某拍卖公司，是一枚所谓的"契丹文银钴金腰牌"。

拍卖公司介绍说：该牌银钴金质，创作年代辽，长12.1厘米，首端呈如意云头状。顶端有圆穿，并以银箍套接。孔箍旁各阴刻一飞翔的凤凰纹饰，细密的珍珠地，两面开光，每面均有4个契丹字，银牌用料上乘，做工精细，加之有契丹文字，为研究鉴赏契丹文化提供

了很好的材料，估价10万－15万元，最后成交价8.8万元。经理解释说："这是西北一位藏家送拍的，经文物专家鉴定过，工艺没问题，只是文字不识。"在一位收藏家眼里，该牌鎏金有些脱落，包浆熟旧，开门真品。牌正面文字经一位国外华人学者解译为"天祚帝之令"，背面"留守将军"。

这面腰牌，经文物专家鉴定，工艺没问题，金有些脱落，包浆熟旧，是开门真品。但谁能想到竟是一面复合型高

仿赝品啊？它糊弄了文物专家，讥讽了文字学者，要戏了收藏大户，欺骗了买主，给拍卖公司带来高额利润的同时也带来"与卖家勾结诈骗之嫌"。笔者可以负责任地断定：此牌只是制作较精，对不懂契丹文物鉴定的人可以做到乱真的赝品。

理由有如下几点。

一、形制与辽代符牌不符。其是辽、金、元三代符牌"杂交品种"。文字取自辽代契丹小字，纹饰形状取自金

银鎏金契丹文腰牌正面（赝品）

代冥牌，圆穿银箍套接工艺取自元代圣旨金牌。辽代职官牌不可能把百年多后的工艺加到自己身上。

二、作为辽代天祚皇帝册封用符牌，穿孔旁两侧的纹饰竟用鸡不鸡凤非凤的雌性纹饰，实证此牌作者实在太缺乏辽代礼俗知识。辽代视皇帝为天为日为龙为雄，皇后为地为月为凤为雌，在一切典章制度中严格执行，违反者即是大逆不道，

要杀头的。作为皇帝的圣旨册封职官牌，竟公开违制，岂非咄咄怪事？

三、制作者不懂职官制度，把两个性质差别明显的职官名称铭刻在一起，而把最重要的限制用语丢弃，这样一个不伦不类让人无所适从的符牌，怎能是真品而不是赝品？

"留守"是辽金时期在五京设立的"留守司"机构的军政最高首长。留守都

"太祖皇帝封许国"背刻"中书令"（赝品）

带本府尹兼本路兵马都总管，是地方最重要的官员，正三品，实职。凡任命必明确其为"x京"留守，从未见任命"留守"而不明确其任职地点的职官符牌。

"将军"是领兵军官的泛称，在辽金时期七品以上军官都可称为"将军"，但都是虚衔，称为"武散官"，无职无权，仅是一种称号。从未见辽金任命"将军"不注明卫所和等级的，哪怕是"上、大、小"的也包括在内！没有，根本没有！

从牌上这两个光裸而没限制语的官称，就可以确认此牌赝品无疑。况且它把一文一武两个差别巨大的官称捏在一起更证明了造假者的无知。

四、牌子貌似精细，放大观看其实工艺马虎，一切似是而非。不说那形神皆无的双凤，就连最简单的珍珠地都是那样的杂乱无章，令人厌恶。一个皇帝颁赐的银鎏金符牌怎能做得这样拙劣？看那包浆轻浮虚假生硬的样子，怎么会得出熟旧开门的结论？那一点没有使用流传痕迹的牌体，笔者都觉得烫手，怎么会熟旧开门？

就是这样一个制假明显的赝品符牌，竟骗过了北京的文物专家，外国的华人契丹文字学者，北京契丹文物收藏家的眼睛，轻而易举地骗得88000元巨款，这个案例不是值得我们深思吗？

第二件藏品来自上件拍卖品的买主。从他在看拍卖品"打眼"的情况看，他的藏品"走眼"应是正常的。这是"一

块辽代契丹文腰牌，银质，钻金，长方形，长10.7厘米，宽5厘米。牌上端有圆孔，孔周包箍，两旁各有阴刻一只似鸟非鸟的纹饰。腰牌两面开光，錾刻有细密的珍珠地，一面有三个契丹字，另一面有七个契丹字"（藏者原话）。

这是和第一例相似，制作手法，工艺都相同的复合型赝品。其和第一例相同的造假地方，笔者不再重复，现只着重从文字，典章制度揭示其制假的破绽。

这个鎏金牌文字是经过精心设计的，从文意表面很难看出造假破绽。此牌两面铸有契丹小字，正面錾有十七个原字组成的七个小字，可汉译为"太祖皇帝封许国"一语，读序为"右左右左（上四字）下（中间一字）右左（下两字）"。这种横竖混写书写格式违背辽金时期契丹文书写格式"从上至下从右至左"的规定，说明造假者虽懂契丹文书写格式，但对出现"封国"时如何书写不甚谙熟，为突出"封"字，才造成这种右左上下混写的情况。牌背錾有汉意为"中书令"的三个契丹小字。

牌上的文字是借用太祖封四弟寅底石政事令辅东丹王之事伪造。事载《辽史·皇子表》：

寅底石，字阿辛。（行）第四。重熙间，追封许国王。太祖遗诏寅底石守太师、政事令，辅东丹王。太祖命辅东丹王，淳钦皇后遣司徒划于杀于路。

其破绽在于：

其一，太祖没封过寅底石"许国王"。寅底石的"许国王"是辽兴宗于重熙二十一年（1052年）七月壬申追封，时距太祖薨已126年。这一点已可断定此牌为假。虽然牌文玩了个模糊手法，仅写为"封许国"，但仍是"移花接木"、"张冠李戴"式的伪造。太祖遗诏是封"守太师、政事令"，而不是"中书令"。虽然辽代政事令与中书令是对不同时期相类似职务的称呼，但两职务还是有区别的。所以，太祖遗诏封寅底石的"守太师、政事令"，不是牌上"中书令"所能替代的。笔者认为假牌故意把"政事令"镌写为"中书令"，一是可能当时造假者还没认识契丹小字"政事令"一词，二是就为了把水搅浑，让人无法在浑水中辨伪识假。

其二，"太祖"是开国皇帝死后的"庙号"，死皇帝是不会封活人"许国"和"中书令"官职的。尽管可能太祖有遗诏，称制的皇后不执行，任何人也无可奈何。虽然皇帝死后皇后称制以死去皇帝名义下达行政旨意是有例可寻的，但只涉及遵循死皇帝意思去办事，而绝不会以死人名义封赏活人。遗诏委

托称制皇后封赏众官是可能的，死皇帝径直以遗诏封官是行不通的。让活人感谢活人是事实，让活人感谢死人是谎言。造假者傻就傻在把庙号当尊号了，把遗诏封寅底石守太师、政事令，当成真是太祖所封。

其三，辽太祖从没封过什么"许国"之类的爵号，更没封过兼"中书令"（牌背三字的汉译）的"许国王"。不但辽太祖没封过，就连金太祖也没封过兼"中书令"的"许国王"。"许国王"封国制度不见辽太祖时期所有史籍和契丹文资料。封国制度始于太宗，成于世宗，说太祖时即封某人为某国王者，此说必假。

"中书令"是辽南面官系统中央一级机构"中书省"的长官。太祖时期没建中书省，但任命有"中书令"这一官职管理汉人事务，仅有韩知古一人在太祖天显元年担任过这个职务，他从未被封过"x国"。所以此牌文的胡编乱造，证明此牌确是赝品。

该牌纹饰，形制制造的粗俗拙劣，就不再一一剖析，大家可一一与真的契丹符牌对比，相信您一定会有很多收获。

后记

　　这本中国目前唯一的一本关于辽金时代契丹文符牌考释的书，今天终于结集出版了。

　　契丹人创造的符牌，体积虽小，但意义重大。它不仅影响了辽以后的所有朝代，而且对近现代中国的牌证制度也影响至深。符牌上所反映的丰富信息，囊括了辽金社会政治、经济、文化、宗教、民俗等方方面面的细节，是研究辽金文明史无可替代的信息宝库。我们尝试着开拓发掘其中的一小部分，获得了意想不到的收获，结果演化成如今这本《契丹文珍稀符牌考释图说》。虽然我们的认识还很肤浅，尚不能将符牌的全部内涵予以揭示，但我们觉得，在此无人问津的处女地作头垦荒牛，是历史赋予我们的重任。尽管我们知识浅薄、见识稚陋，但我们愿把我们的习作作为引玉之砖，以对契丹文符牌进行更深入地研究。

　　回想几个月来和陈传江、陶金一起翻译、考释、撰文的情景，感慨颇多。不是艰辛，艰难困苦对于我们这些普普通通的草民根本算不了什么。感慨的是，在这物欲横流的时代，竟有这么多朋友，给予我们几个人的所谓研究考释无微不至的关怀和支持，这不能不让我们感激涕零。

　　远在广州的李荣基先生、马晓春女士、陈晓明女士，镇江的施向东先生，哈尔滨的王树人先生，长春的宋钢先生，七台河的谷海先生，天津的郭治山、郭治海、徐东澜、李盛魁、丁海军先生等，都为我们的考释提供了大量资料。德州的刘建先生，武汉的王淼林先生，济南的宋洪伦先生，上海的朱义豪先生，邯郸的秦邦宪先生，内蒙古赤峰的张利龙先生，北京的王加勋、胡少英先生等，还为我们的研究提供了许多宝贵实物资料。

　　钱币、契丹文研究学界的知名学者和同好，如戴志强先生、乌拉熙春教授、方称宇教授、金适教授、吴胜雄先生、殷国清先生、李卫先生、郝凤亮先生、刘春生先生都曾在百忙中，对我们的研究给予指点或赐教。其他如杨光、宫向阳、邵华伟、郭宏伟先生等，还多次撰文仗义执言，支持我们的研究考释。

许多新闻单位，如《中国科学探险》杂志社、《中国收藏》杂志社、《收藏》杂志社、《内蒙古金融研究钱币专刊》编辑部、《文物鉴定与鉴赏》杂志社、《中华魂》杂志社、《中国文物报》编辑部、《拍卖与收藏导报》编辑部、《收藏快讯》编辑部、以及中国文物网、中华魂网、新浪网、百度网、腾讯网等等，为扶持这株契丹文明研究领域稚嫩的小苗，不惜拿出宝贵的空间资源，精心地予以呵护，给予力所能及的关爱。其中如张波、余志川、张燕、边辑、高鹏、陈楠、靳金利等领导和编辑对我们的帮助，更是难以用言语表示感激之情。

承担了本书绝大部分前期编辑工作的春晓图书公司的万晓春总经理、王瑶经理、窦广利总编辑，对本书的每一步进展都付出了巨大的劳动和辛勤的汗水。由于书中有数千张照片，我们没经验，开始都不符合出版要求，负责此事的窦总不厌其烦地一次次给予具体指导，直至全部合格。

一部书的出版，看似我们几个人的心血，其实它的背后是众多无名英雄的汗水在呵护。所以在本书出版之际，我们对以上各单位和各位先生，致以崇高的敬意和衷心的感谢，祝我们的契丹文明研究的事业更上一层楼，祝我们的友谊之树在今后的日子里更加茁壮茂盛。

这本书仅是我们在契丹文明研究领域的初步探索，错误和漏谬在所难免，盼望契丹文研究领域的专家能及时给予批评指正，我们将在再版时予以更正补充。

裴元博　陈传江

于京东

2010－12－19